中国民间智库发展报告
(1978—2018)

唐磊 著

THE DEVELOPMENT OF CHINESE CIVILIAN THINK TANKS
(1978-2018)

中国社会科学出版社

图书在版编目（CIP）数据

中国民间智库发展报告（1978—2018）／唐磊著 . —北京：中国社会科学出版社，2019.5

（国家智库报告）

ISBN 978 – 7 – 5203 – 4386 – 2

Ⅰ.①中… Ⅱ.①唐… Ⅲ.①咨询机构—研究报告—中国 Ⅳ.①C932.82

中国版本图书馆 CIP 数据核字（2019）第 085110 号

出 版 人	赵剑英
项目统筹	王 茵
责任编辑	喻 苗
责任校对	王 龙
责任印制	李寡寡

出　　版	中国社会科学出版社
社　　址	北京鼓楼西大街甲 158 号
邮　　编	100720
网　　址	http://www.csspw.cn
发 行 部	010 – 84083685
门 市 部	010 – 84029450
经　　销	新华书店及其他书店
印刷装订	北京君升印刷有限公司
版　　次	2019 年 5 月第 1 版
印　　次	2019 年 5 月第 1 次印刷
开　　本	787×1092　1/16
印　　张	11.5
插　　页	2
字　　数	151 千字
定　　价	78.00 元

凡购买中国社会科学出版社图书，如有质量问题请与本社营销中心联系调换
电话：010 – 84083683
版权所有　侵权必究

摘要： 有别于传统中国社会的智囊人物和政府参谋机构，现代形态的智库（Think Tank）首先出现于英、美等西方发达国家，它是常态下从事与公共政策相关的研究和宣传的组织。尽管独立性、非营利性是智库的"理想形态"，但各国智库发展的实践表明，组织自治、财务自治、学术自治才是更适合规范这类机构的属性要求。中国形形色色的智库机构可以粗分为体制内外两大类。"体制内"意味着享受国家公务员或事业单位编制并受财政支持，体制内智库包括政府智库、事业单位型科研机构和高校内设智库机构，民间智库则属于体制外智库。2014年颁布的《关于加强中国特色新型智库建设的意见》提出"社会智库"概念并赋予它丰富的规定性内容，而民间智库更多是一种描述性概念，也更适合用来分析中国民间智库的发展历程和丰富的机构形态。

本报告重点勾勒了改革开放后中国民间智库的发展历程，并将其分为初步发展期、多元发展期、调整发展期和高速发展期四个阶段。中国民间智库的发展与改革开放进程相伴随，政府对决策科学化和民主化的追求和推动直接促进了民间智库的生长，市场经济和社会力量的发展则为其提供了基础。与此同时，政府也不断对民间智库发展进行规范和引导，政策导向塑定了民间智库生存与发展的基本制度空间。但总的趋势是，随着中国市场经济的不断深化，社会空间不断扩展，民间智库数量不断增多，民间智库类型也不断丰富。

尽管民间智库在中国智库体系中处于相对边缘的位置，但它作为沟通政府与民意的桥梁以及民间公共外交的渠道，在组织政策知识生产、传播和倡导政策思想方面发挥着独特的作用。同时，民间智库也为知识分子实现自身价值提供了一种有别于传统路径的选择。

中国的民间智库在其发展历程中不断显示出体制内外资源的联通与互动。半官方半民间智库在新型智库建设大潮中展现出更大的活力和影响力。但智库的价值最终要通过它的独立性得以实现。民间智库未来的发展前景也取决于国家与社会关系的再平衡。

关键词：中国；民间智库；政府决策

Abstract: Different from the brain boxes and government consultancy institutes of traditional Chinese society, modern think tanks first appeared in such developed countries as Britain and the United States in the west. They are the organizations that conduct research and provide advocacy concerning public policy under normal circumstances. Although being independent and non-lucrative is the "ideal state" of think tanks, the practice of think tanks in various countries across the globe shows that organizational autonomy, financial autonomy and academic autonomy are more desirable attributes for regulating such institutions.

China's various think tanks can be roughly divided into two major categories, the intra-institutional and extra-institutional ones. "Intra-institutional" (*Tizhi Nei*) means enjoying the personnel quota and financial allocation for national civil servants or institutions. These intra-institutional think tanks are supposed to include governmental think tanks, institutions-based scientific research think tanks, and think tanks in universities. Civilian think tanks outside the above system are known as extra-institutional think tanks. *Opinions on Strengthening the Construction of New Types of Think Tanks with Chinese Characteristics* promulgated in 2014 puts forward the concept of social think tanks with more of prescriptive content. The civilian think tanks are more of descriptive content and thus more suitable for analyzing the development history and varied forms of Chinese civilian think tanks.

This report delineates the development of Chinese civilian think tanks after the reform and opening up and divides it into four stages: the initial development period, the diversified development period, the adjustment development period and the high-speed development period.

The development of Chinese civilian think tanks is synchronized with the process of reform and opening up. The government's pursuit and promotion of scientific and democratic decision-making directly spurred the growth of civilian think tanks and the development of market economy and social forces provided the basis for them. At the same time, the government has continued to regulate and guide the development of civilian think tanks, and policy guidance has shaped the basic institutional space for the survival and development for the civilian think tanks. However, the general trend is that with the continued deepening of China's market economy, the development space for civilian think tanks is expanding with their number increasing and the genres constantly enriched.

Although the civilian think tanks are relatively marginal in the Chinese think tank system, they play a unique role in organizing policy production, dissemination and advocacy of policy ideas, and serves as a bridge to gaps between the government and public opinion, and as a channel for civil public diplomacy. Besides, the civilian think tanks also offer alternatives for intellectuals to realize their own values.

China's civilian think tanks continue to display their affiliation and interaction of resources inside and outside the system in its development process. Semi-official-semi-civilian think tanks are to demonstrate greater vitality and influence in the new tide of think tank construction. Yet the value of the think tank is ultimately achieved through its independence. The prospects for the civilian think tank development also depend on the rebalancing of the relationship between the state and society.

Key Words: China, Civilian Think Tank, Policy Making of the Government

目 录

导言 公共政策与民间智慧 …………………………………（1）

第一章 智库的概念与类型学 …………………………………（8）
 第一节 作为舶来品的智库及其定义 ……………………（8）
 第二节 智库的类型学 ……………………………………（10）
 第三节 民间智库与社会智库之辨 ………………………（17）
 小 结 ……………………………………………………（22）

第二章 改革开放以来民间智库发展的历史脉络 …………（23）
 第一节 初步发展期（1978—1988 年） …………………（24）
 第二节 多元发展期（1989—2003 年） …………………（37）
 第三节 调整发展期（2004—2012 年） …………………（48）
 第四节 高速发展期（2013—2018 年） …………………（57）
 小 结 ……………………………………………………（66）

第三章 民间智库的独特作用与实现路径 …………………（67）
 第一节 民间智库作为政策知识生产机构 ………………（68）
 第二节 民间智库从事思想传播与政策倡导 ……………（75）
 第三节 民间智库作为沟通政府与民意的桥梁 …………（77）
 第四节 民间智库作为公共外交渠道 ……………………（79）

第五节 民间智库作为知识分子价值实现的
另一选择 ································· (81)

第四章 中国智库的民间与社会之维 ················· (83)
第一节 社会公共空间的开拓与民间智库发展 ········· (83)
第二节 民间智库的独立性问题 ······················ (86)
第三节 中国智库体系发展格局的不平衡问题 ········· (88)
第四节 民间智库未来发展之路 ······················ (92)

附录 本书所涉智库机构或平台简介 ··················· (98)

主要参考文献 ······································· (171)

后记 ··· (175)

导言　公共政策与民间智慧

本报告主要研究的是改革开放后中国民间智库的发展过程，并力图展现它与政府决策科学化民主化进程的互动，即民意和民间智慧如何通过民间智库这样一种机构或平台制度性地参与政策过程。

一

智库（Think Tank）概念是一个舶来品，它起源于政府公共决策过程面向高度复杂的现代社会所需的新型的政策知识生产机制。"Tank"的原意是"蓄水池"，"Think Tank"形象地指出智库应是公共政策知识的生产基地。随着20世纪民主化运动深入开展，智库很快又具有了政策思想倡导和宣传的功能。因此，对智库的定义也就结合了知识生产和传播两种功能，正如联合国开发计划署（UNDP）一份报告所说的，"智库是常态下从事与公共政策相关的研究和宣传的组织"[①]。

智库作为公共政策知识的生产和传播机构，近数十年来获得了井喷式增长，"在美国和许多其他国家，已经在政治结构中

---

① UNDP (United Nations Development Program), *Thinking the Unthinkable*, Bratislava: UNDP Regional Bureau for Europe and the Commonwealth of Independent States, 2003, p. 6.

固有化的智库,现在已经被看作政策过程中的重要组成部分"①。西方学者根据自身经验提炼出智库的概念,认为它应该是相对独立于政府、政党和其他压力集团的自治组织;智库同其他非政府、非营利的"第三部门"组织相区别之处则在于它独立从事政策知识的生产。智库在英美国家内部的多元政治情境中发展出学术型、契约型、倡导型和政党型等几大类型,但"随着拉丁美洲的民主化、亚洲在工业上的突飞猛进、苏联和中东欧地区的转型,以及非洲精英群体向职业化发展,智库模式也在国际范围内被广泛实践,从而出现了许多混合形式的智库"②。

尽管今日我们所采用的智库概念和体制主体上是"洋为中用"的结果,但中国古代历代君主都十分重视智囊的作用,重视参谋咨政人才的储备;具有战略眼光和治国理政智慧的能士往往成为政权之间相互竞争的重要软实力。先秦时期,在春秋五霸、战国七雄的先后崛起过程中,各自背后的谋士集团都发挥了巨大作用。"门客制度"可以视为中国古代智囊团的滥觞,"战国四君子"之一孟尝君号称有"门客三千"。古代中国不同朝代建立起的养士、谏议、翰林制度,都可以视为今天所谓"政府智库"的早期形态。因此,"对于中国而言,智库(或思想库)绝非新生事物,事实上,人们可以说智库早在孔子时代就在这个国家发挥着重要作用"③。但现代形态的智库,对中国

---

① [巴]马哈茂德·艾哈迈德:《美国智库与专家知识的政治学》,刘霓、王金戈译,参见唐磊主编《当代智库的知识生产》,中国社会科学出版社2013年版,第114—115页。

② [澳]戴安娜·斯通:《作为政策分析机构的智库及其三大神话》,唐磊译,参见唐磊主编《当代智库的知识生产》,中国社会科学出版社2013年版,第1—22页。

③ [美]李成:《中国新智库:官员、学者和企业家的互动之地》,王演兵译,参见唐磊主编《当代智库的知识生产》,中国社会科学出版社2013年版,第216—239页。

来说是新事物。① 中国的学者接触现代智库不久就意识到古代智囊人物同智库的不同，前者"大都是个体活动，凭经验，靠推测，缺少现代的科学方法，因此，失误的几率就难免较高"，"现代思想库制度的建立，使古代个体智囊大为逊色"。②

二

说到公共政策，它"是政府选择做与选择不做的事情"③，但"说到底是国家组织的控制者决定要做的事"④。完整的政策过程，包括制定、实施和管理（包括绩效评估）三个主要环节。⑤ 智库一般参与的是政策制定过程，为其提供信息与备选方略，或者推动社会舆论引导政策的方向，有时，智库也对政策实施的效果进行第三方评估。

在现代社会，虽然公共政策过程是自上而下的，但由于现代政体一般都保证政治授权过程是自下而上的，因此全部公共政策在整体上依然要服务于"人民当家作主"这个基本取向。在政府权威深重和权力集中的国家，政府会创造一些机制来吸收民意和民智，比如新加坡的"人民协会"、"公民咨询委员会"和中国的信访、内参制度；在更加重视权力制衡的西方民主国家，人们把选票投给那些他们看来能替他们发声建言的议

---

① [美]詹姆斯·麦克甘：《中国智库、政策建议及全球治理》，《国外社会科学》2013年第3期，第89—94页。
② 夏禹龙、刘吉、冯之浚、张念椿：《论现代"思想库"制度》，《学术月刊》1981年第3期。
③ [美]托马斯·戴伊：《理解公共政策》（第十二版），中国人民大学出版社2011年版，第1页。
④ [英]米切尔·黑尧：《现代国家的政策过程》，赵成根译，中国青年出版社2004年版，第15页。
⑤ 吴逊、[澳]饶墨仕等：《公共政策过程：制定、实施与管理》，格致出版社2016年版。

员，由于这些国家民间社会的发达，有共同价值取向、利益目标的社会群体也可以组成"压力集团"（pressure group）对政策的制订和实施施加影响，从而渗透到政策过程中。现代社会公共部门的政策过程自上而下地吸收民意和民智，更多体现着决策民主化，而民间社会得以自下而上地通过"压力集团"干预政策过程则主要是政治民主化的结果。二者都有助于政府合法性的提高。①

政府需要及时了解民意并做出回应，是中国历史上帝王南面术里的一条重要原则。虽然帝制时代"天下之事无小大皆决于上"（《史记·秦始皇本纪》），但统治者也会"问政于民"，作为查补疏漏和了解政策效果的手段。问政方式大抵包括两种：一种是政府派出官员到民间采风，即《汉书·艺文志》里说的："古有采诗之官，王者所以观风俗，知得失，自考正也。"另一种则是基层官员主动向民间有声望学识者吸纳建言，黄宗羲《明夷待访录·学校》清晰记载了这一制度的实行方式："士人年七十以上，生平无玷清议者，庶民年八十以上，无过犯者，皆以齿南面，学官、郡县官皆北面，宪老乞言。"

在中国古代的政治文化里，也一直保留着重视民意和民间智慧的价值观。这一传统在先秦儒家思想里体现得较为突出。《左传·襄公三十一年》记载："郑人游于乡校，以论执政。然明谓子产曰：'毁乡校何如？'子产曰：'何为？夫人朝夕退而游焉，以议执政之善否。其所善者，吾则行之；其所恶者，吾则改之，是吾师也。若之何毁之？'"②孔子听到这件事后，表扬了子产的仁德。这则故事说明，先秦儒家还是很重视民间议政的积极作用。不过儒家对于其他思想派别知识分子的议政则有

---

① 景跃进、张小劲主编：《政治学原理》（第三版），中国人民大学出版社2015年版，第230页。
② 李宗侗：《左传今注今译》，台湾商务印书馆1982年版，第1028页。

微词。《孟子·滕文公下》里说："圣王不作，诸侯放恣，处士横议"，接着孟子就把杨朱、墨翟的学说批评了一通，认为他们的思想目无君上、不尊礼序。① 因此以儒家学说为根柢的古代治理思想，一方面重视"观风俗知得失"，从周代就建立了所谓"采风"制度，另一方面又对足以冲击主流意识形态的"异端邪说"保持警惕。

到了遭遇"两千年未有之大变局"的近代，"开民智"成为启蒙思想家们一致的追求，认为民智是实现善治的基础。大力引进西学的严复甚至说"民智不开，不变亡，即变亦亡"。他在其翻译的《天演论》里评论说："泰西言治之家，皆谓善治如草木，而民智如土田。民智既开，则下令如流水之源，善政不期举而自举，且一举而莫能废。不然，则虽有善政，迁地弗良。"② 这里说的民智是指人民具有现代国民意识和文化素养，进一步说就是人民能够接纳并积极参与到现代国家民主治理活动的智识能力。所以当时的启蒙思想家们都主张用教育特别是科学教育向民众赋能，而用宪法保障的民主向民众赋权。

到了当代中国，尤其是改革开放以后，各任领导人都对决策科学化和民主化提出希望，其中智库的作用逐渐得到凸显——"政府认识到决策过程中体察民意的必要性，并通过吸收智库参与决策（实际上是更广泛的集体决策）作为保持合法性更强的一种手段。"③

---

① 史次耘：《孟子今注今译》，台湾商务印书馆1978年版，第161页。

② ［英］赫胥黎：《天演论》，严复译，科学出版社1971年版，导言第八严复案语，第31—32页。

③ ［美］詹姆斯·麦克甘：《中国智库、政策建议及全球治理》，《国外社会科学》2013年第3期。

三

中文词"民间社会"已经为联合国网站中文版采用,将之作为英文词"civil society"的对应,指的就是"社会中除政府和企业之外的'第三部门',由民间社会组织和非政府组织构成"。① 但"民间社会"本身是一个有些奇怪的概念组合。按照学者梁治平的分析,"民间"概念本身包含社会意味,指的是与国家有别的社会空间。②

在"社会智库"这一规范性定义出现之前,人们往往用"民间智库""民间思想库"来指称由民间力量创办的公共政策研究机构。社会智库概念的规定性是由政府对民间政策研究机构加强管理的意图和政策文件形成的。但由于民间和社会两个概念内涵本身的交叠,在日常使用中,人们常常把民间智库和社会智库等同混用。为了取得更大的包容性以便考察40年来各种生存形态和运作样态的民办政策研究机构,本书采用了民间智库这一术语。③

中国拥有的智库数量已经高居世界第二位,仅次于美国,但"就发展建立可以从事系统而有充分根据的研究,并为中国公众和政策制订者提供均衡而独立的政策分析的智库网络而言,中国仍然处在早期阶段"④。在整个"智库体系"中,民间智库

---

① 联合国网站中文版,http://www.un.org/zh/sections/resources-different-audiences/civil-society/。

② 梁治平:《"民间"、"民间社会"和CIVIL SOCIETY——CIVIL SOCIETY概念再检讨》,《云南大学学报》(社会科学版)2003年第1期,第56—68页。

③ 民间智库与社会智库的概念辨析,详见第二章第三节。

④ [美]李成:《中国新智库:官员、学者和企业家的互动之地》,王演兵译,参见唐磊主编《当代智库的知识生产》,中国社会科学出版社2013年版。

或者说社会智库处于全部类型智库中的边缘位置，它们"仍然只是政策制订和制造公共舆论方面的广阔图景中的边缘性参与者"[①]。尽管如此，在中央政府"推进国家治理体系和治理能力现代化"的大政背景下，民间智库在现有的制度环境里通过能力培养和社会创新实践不断扩展政治参与度和政策影响力。笔者将本报告的主要精力放在梳理民间智库发展历程上，试图显示"边缘化生存"的民间智库如何在谋求生存的同时让自己的政策愿景和公共情怀得到实现。在不同的政治环境和现实情境中，民间智库一再证明自己的能力。从影响国家经济改革重大政策走向的"莫干山会议"到推动地方政府微改革微创新的县区级"公共决策咨询委员会"，还有成百上千的由具有忧国忧民情怀的知识分子创办的营利性咨询服务企业及各种形式的民间智库在各个层次发挥着咨政辅政的建设性作用。

中国的政治体制特点决定了"官方智库"在咨政建言、影响决策方面拥有其他民间智库远不能及的资源和能力，但第一代民间智库人曹思源先生仍乐观地认为，"中国的公共政策研究机构将来必然要以民间研究院为主力"[②]。这一冀望还需要相当长的时间来证明其现实性，但民间智库在发挥公共政策和民意民智之间桥梁的作用上，一定会有更多更精彩的表现。

[①] ［美］李成：《中国新智库：官员、学者和企业家的互动之地》，王演兵译，参见唐磊主编《当代智库的知识生产》，中国社会科学出版社2013年版。

[②] 曹思源：《立足民间并非权宜之计》，《同舟共进》2009年第3期，第20页。

第一章 智库的概念与类型学

第一节 作为舶来品的智库及其定义

2015年1月20日，中共中央办公厅、国务院办公厅联合印发的《关于加强中国特色新型智库建设的意见》（以下简称《新型智库建设意见》）对"中国特色新型智库"做出了定义，"是以战略问题和公共政策为主要研究对象、以服务党和政府科学民主依法决策为宗旨的非营利性研究咨询机构"[1]，将服务对象的特色略去，对"智库"的定义就是"以战略问题和公共政策为主要研究对象的非营利性研究咨询机构"。

智库（Think Tank）概念的出现可以上溯到19世纪中期以前[2]，但作为一种知识生产的组织化机构，它出现于20世纪，最初是在北美洲和欧洲一些发达国家得以发展。[3] 20世纪后半

---

[1] 《关于加强中国特色新型智库建设的意见》（中办发〔2014〕65号），http://www.gov.cn/xinwen/2015-01/20/content_2807126.htm。

[2] "西方学术界将1884年成立的英国费边社、1907年成立的美国罗素·塞奇基金会、1908年成立的德国汉堡经济研究所分别认定为英国、美国、德国最早的智库。"参见林坚《建设中国特色新型智库的全局思考》，《国家治理》2016年第16期，第33—48页。

[3] 智库在美英和西欧的起源和发展，参见［美］詹姆斯·麦克甘、安娜·威登、吉莉恩·拉弗蒂主编《智库的力量：公共政策研究机构如何促进社会发展》，社会科学文献出版社2016年版，导言部分；［美］赫尔穆特·安海尔：《象牙塔外的社科研究：智库和公民社会的角色》，收入教育部社会科学司、中国社会科学院外事局组织翻译《世界社会科学报告2010：知识鸿沟》，高等教育出版社2012年版，第353—355页。

叶，智库性质的机构在各个国家开始出现，非西方国家的智库开始进入西方智库研究者的视野，他们开始认识到，"不同国家，其宪法架构类型、战乱或稳定的历史境遇、政治文化与法律传统以及现政权的政体特性，决定了智库发展的形态和程度"①。

西方学者围绕智库是什么做了大量讨论，"在这个概念下，智库的一些核心制度特征已经被确认并被广泛接受"②。笔者试图将这些核心制度特征归纳如下：（1）智库是非政府性机构，即具有相对于政府的独立性；（2）智库也与政党或其他利益集团保持相对独立；（3）智库是非营利性机构，但在财务上实现自治；（4）智库主要从事公共政策相关的研究，组建智库以影响政策为目的。③ 不过，有不少学者指出，所谓智库的"政治独立性"主要是美英智库的特点，甚至只是美英智库在某一发展阶段集中表现出来的特点④，用组织自治性来概括更为准确。此外，"智库所具有的社会科学性质是通过英美经验而形成的"⑤。由于智库现象及其话语带有浓重的"盎格鲁-美利坚"特色，他们自己的学者也承认很难"以美国智库的经验、表现、理论

---

① ［澳］戴安娜·斯通：《作为政策分析机构的智库及其三大神话》，唐磊译，参见唐磊主编《当代智库的知识生产》，中国社会科学出版社2013年版。

② ［美］詹姆斯·麦克甘等：《智库的力量：公共政策研究机构如何促进社会发展》，社会科学文献出版社2016年版，第12页。

③ 参见［美］詹姆斯·麦克甘等《智库的力量：公共政策研究机构如何促进社会发展》导言部分，以及唐磊主编《当代智库的知识生产》，第23—41、169—178页。

④ ［美］詹姆斯·麦克甘等：《智库的力量：公共政策研究机构如何促进社会发展》，社会科学文献出版社2016年版，第14—16页。

⑤ ［澳］戴安娜·斯通：《作为政策分析机构的智库及其三大神话》，唐磊译，参见唐磊主编《当代智库的知识生产》，中国社会科学出版社2013年版。

来解释后共产主义国家的政策研究机构"。① 这样一来，我们也可以理解为什么中国政府要标举"中国特色新型智库"的概念以示区别。

"中国特色新型智库"还应同中国传统社会里服务皇权及其统治集团的参谋幕僚机构相区别。Think Tank 在中文里又被翻译为"智囊团"，"智囊"一词出自古代汉语，《史记》中就有几处用到"智囊"，用来形容有主意或者有学问的人。② 古代中国不同朝代建立起的养士、谏议、翰林制度，都可以视为今天所谓"政府智库"的早期形态。③ 但是，古代的智囊们由于人身都依附于掌权者，不存在独立或自治的可能，将收编智囊的体制与机构归入现代情境下的"智库"范畴并不合适。

第二节 智库的类型学

由于智库概念本身的弹性和智库实践在不同政治、文化背景的国家中得以开展，智库的类型学与智库的概念定义一样分歧迭出。④ 即使在美国和英国——那里往往将智库的"独立性"

---

① Ivan Krastev, "Think tanks: Making and faking influence", *Southeast European and Black Sea Studies*, Vol. 1, No. 2, 2001, pp. 17–38. 另可参詹姆斯·麦克甘等主编《智库的力量：公共政策研究机构如何促进社会发展》，社会科学文献出版社 2016 年版，第 46—47 页。

② 《史记·樗里子甘茂列传》里记载秦惠王住在樗里的一个弟弟"滑稽多智"，秦人号曰"智囊"，《史记·晁错传》又记载晁错精于《尚书》之学，引用《尚书》来陈述自己的建议主张，被封为太子老师，并被太子府上尊称为"智囊"。

③ 陈忠海：《中国古代的"智库"》，《中国发展观察》2017 年第 15 期，第 49—50 页。

④ ［澳］戴安娜·斯通：《作为政策分析机构的智库及其三大神话》，唐磊译，参见唐磊主编《当代智库的知识生产》，中国社会科学出版社 2013 年版。

奉为圭臬①，在不同时期发展出现的智库也表现出与其他时期明显的不同，而足以被归为"另一类"智库②。"盎格鲁-美利坚"智库一般被归为如下四个基本类型（见表1.1）。一般认为，20世纪早期出现的如美国布鲁金斯学会、英国皇家国际事务研究所等是典型的学术型智库，第二次世界大战后的兰德公司则是典型的契约型智库。倡导型智库，"由追求一定思想或政治目的倾向性团体组成，这些组织尤其强调知识的传播，一边支持某些政治立场，推进自己以及同盟的议程"。③ 政党智库则是"具有明确党派利益的组织，为特定的受益人提供政策建议"④。这一按照智库目标所做的四分法虽然主要基于美英等国的实践，但由于这两个国家的智库事实上为其他国家提供了智库建设的典范，而具有普遍参考价值。

研究全球智库的麦克甘（James McGann）和萨巴蒂尼（Richard Sabatini）提供了一份适应性更广的分类方案（见表1.2）⑤，不过他们也指出，"大多数智库并不完全属于某一类

---

① 例如美国布鲁金斯学会在其每一份智库报告前面都会附上一段关于学术独立性的声明："布鲁金斯学会践行对高质量、独立性和影响力一以贯之的严格要求，并且将这种价值观体现于其向大众提供的一切研究成果之中。来自各界的捐赠即是对我们此种价值观的认可，与此同时学会学者的所有分析和建议保持绝对独立，不受任何捐赠的影响。"

② [美]赫尔穆特·安海尔：《象牙塔外的社科研究：智库和公民社会的角色》，《世界社会科学报告2010：知识鸿沟》，高等教育出版社2012年版。

③ 同上。

④ 出自《牛津政治学简明词典》，转引自詹姆斯·麦克甘等主编《智库的力量：公共政策研究机构如何促进社会发展》，第37页。

⑤ 引自[美]詹姆斯·麦克甘、理查德·萨巴蒂尼《全球智库、政策网络与治理》，上海交通大学出版社2015年版，第23—26页。值得注意的是，该书中文译本出现不少翻译失误，包括此表第一条翻译，中译本将自治和独立智库的特性翻译为"高度独立于利益集团或捐助者的公共政策研究组织，在运营与资金方面拥有自主权，资金主要来自于政府"，笔者在引用时均作了校对。

型，并且它们之间的差异正在逐渐模糊"[1]。

表 1.1　学术型/契约型/倡导型/政党智库的特点比较[2]

智库类型	资金来源	议程设定	意识形态	研究及管理特点
学术型智库	资金来源多元化（捐赠、基金、组织、个人等等）	研究者发挥主要作用	试图作为中立的观点来源	观念驱动；长期的；偏重未来；目的在于为决策者提供社会科学的专家知识；严格恪守公正的研究；以服务于全体的方式配置资金；聘用已有论著出版的博士承担兼职工作
契约型智库	主要来自政府合同	政府需求	试图作为中立的观点来源	由政府的合同需求所驱动；长期；偏重于未来；目的在于为决策者提供社会科学的专家知识；公正的研究；主要根据合同来支配资金；聘用已有论著出版的博士
倡导型智库	委托人发挥主要作用	意识形态驱动	自由或保守的	意识形态驱动；短期；目的在于为决策者提供社会科学的专家知识；意识形态驱动研究；为委托人分配资金；在专职岗位聘用硕士毕业生和发表著述不多的博士
政党智库	委托人发挥主要作用	政党需求驱动	民主党或共和党	由政党忠诚所驱动；以问题为中心；不注重为决策者提供社会科学的专家知识；主要目的是证明自己信念的正确性；经常聘用前政府官员和来自利益集团的人

表 1.2　麦克甘、萨巴蒂尼的智库分类

分类	定义
自治和独立	相对任何利益集团或捐助者保持明显独立的公共政策研究组织，其运营不受政府辖制，资金也不依赖于政府

---

[1] 引自［美］詹姆斯·麦克甘、理查德·萨巴蒂尼《全球智库、政策网络与治理》，上海交通大学出版社 2015 年版，第 25—26 页。

[2] ［巴］马哈茂德·艾哈迈德（Mahmood Ahmad）：《美国智库与专家知识的政治学》，参见唐磊主编《当代智库的知识生产》，第 90 页。

续表

分类	定 义
准独立	独立于政府的公共政策研究组织,但被某一利益集团、捐资者或合同代理方所控制,该机构提供了大部分运营经费并对智库运作形成显著的影响
大学附属	坐落于大学中的公共政策研究中心
政党附属	正式隶属于某一政党的公共政策研究组织
政府附属	属于政府机构一部分的公共政策研究组织
准政府性质	经费完全来自于政府补贴及合同的公共政策研究组织,但不是政府机构的一部分
营利性	作为营利性商业机构进行运作的公共政策研究组织

中国学者主要根据组织形式和机构属性进行智库分类。薛澜和朱旭峰将中国的智库分为事业单位法人型、企业型(以企业形式注册)、民办非企业单位法人型和大学下属智库四类,并把后三类纳入民间智库范畴。[①] 也有学者将民间智库归为"体制外智库"[②],主要由财政拨款支持的事业单位型智库和高校智库则与政府智库一样属于体制内智库。

上海社会科学院智库研究中心从2013年起发布年度"中国智库影响力排名",在2018年的排名报告中,该中心将中国的智库体系分为若干个子系统,归结起来有六类,即国家和地方党政部门智库、国家和地方科研院所智库、军队智库、社会智库、高校智库、企业智库[③],这一分类体系明显是参照《新型智

[①] 薛澜、朱旭峰:《"中国思想库":涵义、分类与研究展望》,《科学学研究》2006年第3期,第321—327页。

[②] 金家厚:《民间智库发展:现状、逻辑与机制》,《行政论坛》2014年第1期。

[③] 上海社会科学院智库研究中心:《2018年中国智库影响力评价与排名》,2019年2月1日,http://www.pjzgzk.org.cn/c/3082.htm。

库建设意见》而来。① 如果参照表1.2的分类，国家和地方党政部门智库显然就是"政府智库"——民间常称为官方智库，军队智库也应归于官方智库。国家和地方科研院所属于受政府财政支持的事业单位②，与其说是民间智库不如说是"准政府"（对应表1.2中分类）或"准官方"智库更合适。企业智库常常是隶属于企业的非营利部门（花钱而非挣钱的部门），因此更像是表1.2中的准独立智库。

关于营利性咨询机构是否能被纳入智库范畴，学者们有不同的意见。长期研究全球智库的麦克甘在此问题上也显出犹豫，他一方面认为智库"定义应该不包含营利性的咨询服务机构"，另一方面又为某些智库的营利活动辩护："尽管有一些智库会有营利性的活动，但它们的兴趣不是在营利而是在于影响，当然这取决于特定组织的议程"，而那些尽管从事政策研究、但主要目的是赚钱而非帮助政府的机构则不被算作智库。③ 薛澜和朱旭峰则明确提出，将非营利性作为中国智库的界定标准并不合适。④ 但在上海社会科学院2013年最初发布的智库影响力排名报告中，部分营利性机构也可以被视为智库。⑤

---

① 《新型智库建设意见》中提到了"党政部门、社科院、党校行政学院、高校、军队、科研院所和企业、社会智库"七类智库，但社会科学院、党校行政学院和公办科研院所均属于事业单位型智库。
② 从1996年起，国家规定民办机构不能称为事业单位，在此之前，机构编目分类中曾有"民办事业单位"这一类。
③ [美]詹姆斯·麦克甘、理查德·萨巴蒂尼：《全球智库、政策网络与治理》，上海交通大学出版社2015年版，第21—23页。
④ 薛澜、朱旭峰：《中国思想库的社会职能——以政策过程为中心的改革之路》，《管理世界》2009年第4期，第55—65页。
⑤ 该报告提出："从组织形式和机构属性上看，智库既可以是具有政府背景的公共研究机构，也可以是不具有政府背景或具有准政府背景的私营研究机构；既可以是营利性研究机构，也可以是非营利性机构。"上海社会科学院智库研究中心：《2013年中国智库报告——影响力排名与政策建议》，上海社会科学院出版社2014年版。

智库的类型学与智库定义紧密相关，在考虑智库分类的包容性和兼容性时，学者们不得不思考智库的边界在哪里，或者具体地说，明显具有公共政策研究功能的市场化咨询公司、非政府组织（NGO）和学术社团等是否应算作智库？

按照《新型智库建设意见》，营利性机构显然不应被纳入"中国特色新型智库"范畴。但学者们坚持认为部分营利性机构可以算作智库显然是因为智库运营方式的多样性和复杂性。就以中国为例，在智库发展的早期阶段，不少由民间力量兴办的公共政策研究机构只能通过"以商养研"的方式维持运作——当时的社会慈善捐助体系和相关制度都十分薄弱。著名智库研究者戴安娜·斯通就坚持认为要将智库定义同"非营利性"脱钩，她认为应当用"财务自治"这一术语替代"非营利性"这一术语[①]——财务自治意味着不会因为"吃人家而嘴短"。从研究智库发展史而非智库管理的角度，本书倾向采纳这类意见，将主要致力于公共政策研究的营利性机构也归入智库予以考察，同时注意区分这类机构内部的营利部门和非营利部门——那些非营利部门更符合规范意义上的智库。

智库与非政府组织之间的纠结首先在于非政府智库与其他非政府组织同属于"第三部门"，本身就容易令人混淆，更主要的是它们彼此边界的相互渗透。一方面，西方国家20世纪后期发展起来的一些智库的行动色彩不亚于其思想色彩，这类"思想行动智库"（think-and-do tanks）"发起并支持社区项目的施行、政策试验、项目评价和跟踪调查等活动，有些机构还开展职业道德培训、开设在职课程、制作电视纪录片或开展能力培

[①] D. Stone, A. Denham and M. Garnett, *Think Tanks across Nations. A Comparative Approach*, Manchester: Manchester University Press, 1998. 引自[英]哈特维希·波伊次《重审智库的定义、功能及其实践方式》，收入唐磊主编《当代智库的知识生产》，中国社会科学出版社2013年版，第23—41页。

养"，使得它们与非政府组织的边界变得模糊。① 另一方面，一些以社会行动（诸如社区建设、法律援助、慈善公益）为宗旨的非政府组织设有研究部门，并像其他智库一样发布研究报告和编辑出版刊物以推广其研究成果，比较典型的如"透明国际"（Transparency International），它每年发布的"世界廉政指数"被广为引用。在本书中，我们比较小心地处理着行动色彩强烈的非政府组织，即使它一定程度上从事政策研究，但民间智库形态的多元化特征使得我们无法完全回避这些组织。

学术社团与智库的区别也是一个难点。这类组织在中国属于社会组织，按照相关规定要经过民政部门批准才能成立。通过全国社会组织查询平台，我们检索到名称中含有"学会"的社会组织有26717个，而通过"企查查"在线平台，截至2018年年底，处于正常状态的名称中含有"学会"的社会组织有41167个。② 如果学术团体也积极开展政策研究并致力于发展政策影响力时，就令人很难不把它们同智库联系在一起。例如，"英国的公共管理与政策协会（PMPA）通过提供服务、开办研讨班和推出出版物来落实其影响公共服务全局重大问题的宗旨"，美国的公共政策分析与管理学会（APPAM）也组织公共政策和管理问题的论坛。③ 在中国，不少专业协会除了从事公共政策分析和研究，还具有推动政府政策实施的功能。1950年成立的中国金融学会也许是新中国成立后第一批学术社团之一，

---

① ［澳］戴安娜·斯通：《作为政策分析机构的智库及其三大神话》，唐磊译，参见唐磊主编《当代智库的知识生产》，中国社会科学出版社2013年版。

② 全国社会组织查询平台网址：http://www.chinanpo.gov.cn/search/orgindex.html；"企查查"企业信息查询平台网址：https://www.qichacha.com/。统计日期截至2018年12月31日。

③ ［澳］戴安娜·斯通：《作为政策分析机构的智库及其三大神话》，唐磊译，参见唐磊主编《当代智库的知识生产》，中国社会科学出版社2013年版。

它最重要的宗旨是"就在很正确地推行政府的金融经济政策"①。

以服务政府决策为重要宗旨的学术社团，应当视作"中国特色新型智库"的组成部分，至少许多学术社团都承认其成立目的是"为政府建言献策，影响政府政策制定与实施"。②不过鉴于这类组织数量庞大，而且在中国智库热兴起后，许多社团都纷纷表示要加强智库建设，为自己贴上一层智库的标签，为了避免过多牵扯精力，本书不拟将这类组织作为考察重点。

第三节 民间智库与社会智库之辨

在《新型智库建设意见》出台之前，"社会智库"的概念并不多见③，大家普遍采用"民间智库"来描述那些不是政府部门、事业单位或高校内部机构的民办政策研究机构。2017年5月，多部委联合印发的《关于社会智库健康发展的若干意见》（以下简称《社会智库发展意见》）对社会智库有一个明确的界定："社会智库由境内社会力量举办，以战略问题和公共政策为主要研究对象，以服务党和政府科学民主依法决策为宗旨，采取社会团体、社会服务机构、基金会等组织形式，具有法人资

---

① 资耀华：《中国金融学会的任务》，《中国金融》1951年第1期，第5页。
② 有调研指出44%的受访社团认可建言献策、影响政策的功能定位，参见何眸《我国学术类社会团体的现状、改革与管理研究》，中国社会组织公共服务平台，2015年12月29日，http://www.chinanpo.gov.cn/700102/92553/nextindex.html。
③ 2011年8月10日《东莞日报》刊出的评论员李俊雄文章题为"东莞发展呼唤社会智库发挥更大的作用"，是笔者所见较早使用社会智库概念的例子。

格，是中国特色新型智库的重要组成部分。"①

社会智库而不是民间智库被政府采纳作为民办公共政策研究机构的正式指称术语，其中一个重要背景是，从2007年起中国正式用社会组织这一规范性"能指"来指向其"所指"。根据民政部的解释，"'民间组织'的'民间'是与'政府'、'官方'相对应的，反映了传统社会政治秩序中'官'与'民'相对应的角色关系，容易让人误解民间组织是与政府相对应甚至是相对立的，因此在新的形势下，党的十六届六中全会和党的十七大把民间组织纳入了社会建设与管理、构建和谐社会的工作大局，对传统的提法进行改造，提出了社会组织这一称谓"②。

另外，如果我们仔细辨析《发展意见》对社会智库的定义文字，可以清楚地发现它更多是一种规范性定义而非描述性定义。该定义对社会智库至少提出了三重规定性，而这些规定性都有可能把一些"不够规范"的民间智库排除在外。

首先是"以战略问题和公共政策为主要研究对象，以服务党和政府科学民主依法决策为宗旨"。③ 显然，那些自称为民间智库但其主营业务是从事产业政策研究和为企业战略发展或参与市场竞争提供有偿咨询的机构，就无法被归为社会智库；严格意义上说，它们也不能被视作智库。

其次是"由境内社会力量举办"。一般来说，中国的官方文件用词自有一套闭环的政策话语体系和制度。在中华人民共和

---

① 《关于社会智库健康发展的若干意见》由民政部、中宣部、中组部等九部委联合印发，全文公开刊载于《人民日报》2017年5月5日第8版。

② 民政部民间组织管理局：《社会组织的概念、特征及分类》，《瞭望》2010年第37期，第21页。

③ 《新型智库建设意见》对于"中国特色新型智库"的定义，"是以战略问题和公共政策为主要研究对象、以服务党和政府科学民主依法决策为宗旨的非营利性研究咨询机构"。除却研究对象和宗旨外，其组织形式被约定为"非营利性研究咨询机构"。

国官方用语中,"境内"特指除中华人民共和国拥有主权的香港特别行政区、澳门特别行政区以及台湾地区之外的中华人民共和国领土。① 由此,官方语境中的社会智库应是由大陆地区的社会力量举办的智库。但是,这些力量如果将智库机构注册在"境外"的港澳台地区,是否符合这一话语的规定性内涵,就很难揣测。

我们还可以用同样的方法推释"社会力量"。在2013年9月发布的《国务院办公厅关于政府向社会力量购买服务的指导意见》(国办发〔2013〕96号)中,社会力量被定义为"依法在民政部门登记成立或经国务院批准免予登记②的社会组织,以及依法在工商管理或行业主管部门登记成立的企业、机构等"③,再结合《社会团体登记管理条例》(2016年2月6日修

---

① 例如2004年6月开始颁行《基金会管理条例》的附则说明:"本条例所称境外基金会,是指在外国以及中华人民共和国香港特别行政区、澳门特别行政区和台湾地区合法成立的基金会。"

② 据《民政部关于对部分团体免予社团登记有关问题的通知》(2000年12月1日民政部民发〔2000〕256号):参加中国人民政治协商会议的人民团体免予登记,包括:中华全国总工会、中国共产主义青年团、中华全国妇女联合会、中国科学技术协会、中华全国归国华侨联合会、中华全国台湾同胞联谊会、中华全国青年联合会、中华全国工商业联合会;此外,经国务院批准可以免予登记的社会团体有:中国文学艺术界联合会、中国作家协会、中华全国新闻工作者协会、中国人民对外友好协会、中国人民外交学会、中国国际贸易促进会、中国残疾人联合会、宋庆龄基金会、中国法学会、中国红十字总会、中国职工思想政治工作研究会、欧美同学会、黄埔军校同学会、中华职业教育社。

③ 参见中国政府网,http://www.gov.cn/zwgk/2013-09/30/content_2498186.htm。值得注意的是,在更早一些的政府文件中,关于"社会力量"还有不同的解释,如1997年7月31日发布的《社会力量办学条例》中,它就被描述为"企业事业组织、社会团体及其他社会组织和公民个人"。这似乎意味着,政府对于能够参与社会共治的社会力量可能根据不同时期、不同场景社会治理的需要而有不同的界定。

正版)、《国务院办公厅关于加快推进行业协会商会改革和发展的若干意见》(国办发〔2007〕36号)等规定,"境内社会力量举办"至少包含着对社会智库应具有法人资质的规定性要求。

第三条规定是要求社会智库"采取社会团体、社会服务机构、基金会等组织形式"注册。① 此外,《社会智库发展意见》还明确指出:"民办社科研究机构由省(自治区、直辖市)社会科学界联合会担任业务主管单位,并由省级人民政府民政部门进行登记;其他社会智库由其活动涉及领域的主管部门担任业务主管单位,并由同级人民政府民政部门进行登记。"② 根据该意见,这一约束是强制性的:"对未经社会组织登记、擅自以社会智库名义开展活动的非法组织,由民政部门依法予以取缔。"这将意味着,未能按照规范性要求注册为社会组织的那些民间智库始终存在缺乏政府权威认可的合法性危机。③

然而,上述官方文件针对社会智库概念所提出的约束性并没有完全贴合中国民间智库发展的真实情境,许多民间智库因为"不够规范"而不能归为严格意义上的社会智库。例如,按

---

① 在民办非企业名称被确立以前,中国还一度使用过"民办事业单位"来进行社会组织登记,比如1995年成立的"北京华夏社会发展研究中心"就注册为民办事业单位。2016年9月开始实施的《慈善法》正式取消了"民办非企业"的说法,而代之以"社会服务机构";2017年3月通过的《民法总则》也采用了这一概念,其第八十七条规定"非营利法人包括事业单位、社会团体、基金会、社会服务机构等"。

② 根据2004年中共中央办公厅和国务院办公厅联合下发的《中共中央办公厅国务院办公厅关于加强民办社科研究机构管理工作的意见》(中办发〔2004〕28号):"民办社科研究机构作为企业事业单位、社会团体和其他社会力量以及公民个人利用非国有资产举办的从事哲学社会科学研究活动的非营利性社会组织,属于民办非企业单位。"

③ 关于国家智库管理体系的建立,可以参见 Lan Xue, Xufeng Zhu, Wanqu Han, "Embracing Scientific Decision Making: The Rise of Think-Tank Policies in China", *Pacific Affairs*, Vol. 91, No. 1, 2018, pp. 49 – 71。

照《新型智库建设意见》约定，智库应该是非营利性的；国际学术界也普遍认为智库应该是非营利性的。[①] 但是，在中国，亦商亦研、以商养研的双轮驱动是一种较为普遍的民间智库生存模式，许多兼具智库功能的营利性咨询公司如20世纪90年代成立的安邦咨询公司和零点咨询研究集团就是典型的例子。在《社会智库发展意见》出台之前，大部分民间智库最终采用企业形式注册，基本都是出于找不到"婆婆"的无奈。近年来一些十分活跃的社会智库例如盘古智库、国观智库，也是以企业形式在工商部门注册的。

比较而言，民间智库作为一个约定俗成的表述则不包含上述所说的三种规定性。因此，它事实上具有更大的包容性，那些属于智库体系发展过程中出现的、没有严格符合体系规范的民办公共政策研究机构，都可以被纳入民间智库。可以说，社会智库是一个规范性概念，民间智库则是一个描述性概念。

但是，"社会智库"又比"民间智库"概念更适合含纳那些具有深厚政府资源背景的"半官方半民间智库"。所谓"半官方半民间智库"并非一个严格的智库类型学上的分类，但确实存在许多具有这类特征的智库机构。例如学会，尽管它们注册为社会组织（社会团体），但除个人会员外，学会的机构会员往往是事业单位性质的科研机构或者高校科研部门，也甚至有政府、军队的研究部门，这样一来，将致力于政策研究的学会归为民间智库似乎令人感到古怪。由此，我们能体会到社会智库而不是民间智库被官方话语所采用的另一层深意，即社会智库是通过自上而下的智库管理体系审核和监管、政府信得过用得上的民间智库。

---

① 《建设意见》指出："中国特色新型智库是以战略问题和公共政策为主要研究对象、以服务党和政府科学民主依法决策为宗旨的非营利性研究咨询机构。"

在民间智库、社会智库概念以外，有的学者主张用"民营智库"概念，"以强调其在运营模式上与官办智库、高校智库的本质差异"，这个概念也是描述性而非规定性的，因此也同民间智库一样更具包容性，可以包含以企业、民办非企业形式注册的智库，甚至还可以包含不具备法人资格的机构。[①]

小　结

智库是常态下从事与公共政策相关的研究和宣传的组织。尽管独立性、非营利性是智库的"理想形态"，但各国智库发展的实践表明，组织自治、财务自治、学术自治才是更适合规范这类机构的属性要求。在中国，"体制内"意味着享受国家公务员或事业单位编制并受财政支持，体制内智库应该包括政府智库、事业单位型科研机构和高校内设智库机构，民间智库一般属于体制外智库。社会智库的定义蕴含了丰富的规定性内容，而民间智库更多是一种描述性概念。社会智库的规定性有助于规范民间智库的发展，但它不利于用来分析中国民间智库的发展历程和丰富的机构形态。

[①] 王辉耀、苗绿：《大国智库》，人民出版社2014年版，第246—247页。

第二章　改革开放以来民间智库发展的历史脉络

经过前文的梳理,我们基本厘清了智库以及民间智库、社会智库的概念定义。如果我们不把"智库"当作20世纪首先出现于西方发达国家的现象,而是用"智囊团"去理解它,那历史考察就甚至可以延伸到古代社会,那时的君王"南面术"中也包含了注重民意和吸收民智的成分。① 及于晚清,1906年清政府组织成立的"中央教育社",旨在发挥教育团体对决策的建议与咨询功能,其组织形式与功能与今日所谓政府或官办智库无大差别。② 同年由文教界人士发起成立的"宪政研究会",宗旨为"考查政俗,研究得失,以俟实行立宪后,代表国民赞助政府"③,也颇有后来所谓"学术+倡导"智库的特点。逮至民国,不仅政府体系内的政策研究机构纷纷涌现,各种致力于新思潮新思想传播的学会更是层出不穷。

---

① 将古代智囊视作智库在中国的原初形态的研究,参见王文、李振《中国智库古今延承之路:历史溯源与未来启示》,《智库理论与实践》2016年第2期,第8—13页;陈忠海:《中国古代的"智库"》,《中国发展观察》2017年第15期,第49—50页。

② 关晓红:《清末中央教育会述论》,《近代史研究》2000年第4期,第116—140页。

③ 蔡鸿源、徐友春主编:《民国会社党派大辞典》,黄山书社2012年版,第365页。

然而，毕竟智库作为一种新型政策知识生产和传播的机构兴起于20世纪的西方。至于从中华人民共和国成立以来的情况看，曾任中国社会科学院院长并大力推动民间智库发展的马洪曾有一段总结，他说：

> 我国的政策研究咨询工作经历过两次历史性的转折。一次是新中国的建立，我国结束战争状态进入建设时期，政策研究咨询工作及其成果成为制定政策的重要依据。但由于这一时期的研究咨询工作服从、服务于计划经济体制，具有明显的自上而下的单向特征，其成果往往带有指令性的内涵，而且诠释政策的色彩很浓厚。另一次是党的十一届三中全会确立改革开放路线后，研究咨询工作的重要性为各级党委、政府逐步认识，各级各类研究咨询机构应运而生。[1]

本书将考察重点放在改革开放以后，改革开放孕育了中国民间智库得以发展的一些基本条件，包括决策科学化民主化走上正轨，知识分子体制外生存成为可能，思想市场的多元化，公益慈善事业的发展壮大等，它们为民间智库提供了制度、资金、人才等各方面的保障。

从1978年至今，中国民间智库的发展历程可以大致归结为初步发展期、多元发展期、调整发展期和高速发展期四个阶段。

第一节　初步发展期（1978—1988年）

1977年中国共产党的第十一次全国代表大会宣布"文化大

---

[1] 马洪：《转变职能、明确定位，探索咨询工作新路》，1999年1月14日，http://www.cdi.com.cn/detail.aspx?cid=2777。

革命"正式结束，1978年十一届三中全会的召开标志着改革开放进程正式开启，两个前后相续的历史节点翻开了中华人民共和国的历史新篇章。

在党的十一大上通过的《关于修改党的章程的报告》和邓小平同志做的会议闭幕发言中，都强调了恢复和健全党的"民主集中制"的重要性，都重点提到了保障民主而必须坚持的"在党内和整个人民内部，认真实行'知无不言，言无不尽'，'言者无罪，闻者足戒'的原则"①。20世纪80年代中国迎来了思想最活跃的一段时期，主要得益于这一时期党坚持了解放思想、广开言路的方针。这也为解放民间思想的活力提供了良好的制度环境和政治氛围。

1982年召开的党的十二大提出了实现"四个现代化"的历史任务，在《全面开创社会主义现代化建设的新局面》报告中，特别提到社会科学知识对于指导国家发展能力的重要意义，"必须加强经济科学和管理科学的研究和应用，不断提高国民经济的计划、管理水平和企业事业的经营、管理水平"。② 同年举行的全国人大五届五次会议上，政府工作报告中也提到要"加强政治经济学、部门经济学、管理学、哲学、法学、政治学、教育学、社会学、伦理学、心理学、历史学、民族学、文艺学、语言学、国际关系等的研究，要努力阐明和解决中国社会主义

---

① 《关于修改党的章程的报告》（1978年8月18日通过），见中国共产党新闻网，http://cpc.people.com.cn/GB/64162/64168/64563/65449/4526438.html；邓小平：《在十一大上的闭幕词》（1978年8月18日），http://cpc.people.com.cn/GB/64162/64168/64563/65449/4441884.html。

② 胡耀邦：《全面开创社会主义现代化建设的新局面——在中国共产党第十二次全国代表大会上的报告》（1982年9月8日），中国共产党新闻网，http://cpc.people.com.cn/GB/64162/64168/64565/65448/4526430.html。

现代化建设提出的重大理论问题和重大实际问题"[1]。

在此背景下,"决策咨询"的概念和观念开始被人们所讨论和接受(见图2.1)。有学者指出:"改革开放之初,中共鉴于文革之弊,倡导思想解放和实事求是,在决策过程中重实际、重调查、重专业知识,政策研究咨询因而有了意识形态上的合法性。"[2]

咨询产业也随着现代化建设中各层次(地方政府、企业等)的决策需求而逐步发展起来。据1984年10月出版的《中国科研技术咨询服务手册》统计,"全国已有咨询服务部门近4千个",故有学者指出,"一个全国性的'咨询热'正在兴起"[3],但是市场化的咨询业真正起步于20世纪90年代(见图2.1、图2.5)。

1985年3月颁布的《中共中央关于科学技术体制改革的决定》为民间研究机构放开了准入大门,该决定明确提出:"允许集体或个人建立科学研究或技术服务机构。"[4] 1986年7月21日,时任国务院常务副总理的万里在全国软科学研究工作座谈会上做了题为"决策民主化和科学化是政治体制改革的一个重要课题"的报告[5],报告指出,软科学"研究的根本目的,是

---

[1] 赵紫阳:《关于第六个五年计划的报告》(1982年11月30日),中国政府网,http://www.gov.cn/test/2006-02/23/content_208652.htm。

[2] 德新建、刘骥:《改革共识与智库兴起——20世纪80年代前期中国智库建设》,郑永年等《内部多元主义与中国新型智库建设》,东方出版社2016年版,第56—69页。

[3] 丘峰:《咨询产业的崛起》,《图书馆》1986年第1期,第12—16页。

[4] 《中共中央关于科学技术体制改革的决定》(中发〔1985〕6号),《人民日报》1985年3月13日。

[5] 万里:《决策民主化和科学化是政治体制改革的一个重要课题——在全国软科学研究工作座谈会上的讲话》,《中国软科学》1986年第2期,第1—9页。

为各级各类决策提供科学依据，是为领导决策服务的"，它的兴起是"我们党和政府决策工作中总结正反两方面经验、坚持实事求是的思想路线的产物，也是适应新时期开放与改革形势下经济社会发展的紧迫需要的产物，又是当代科学技术高度发展的产物"。该报告在科技界和知识界引发强烈反响，直接结果就是促进了软科学研究及政策研究的快速发展（见图2.2）。

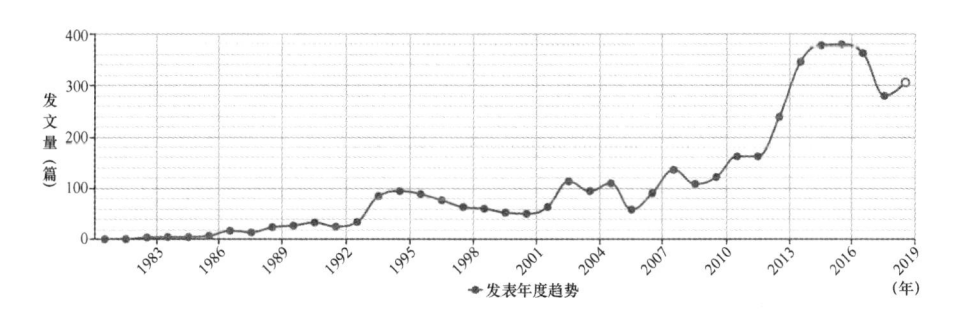

图2.1 中国知网（CNKI）收录"决策咨询"主题文章的历年数量

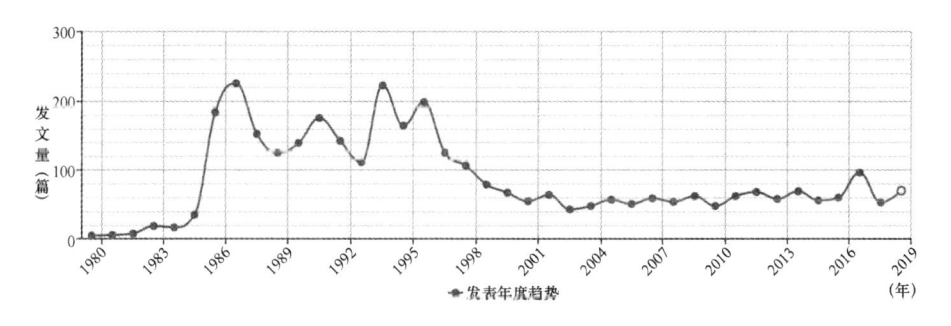

图2.2 中国知网（CNKI）收录"软科学"主题文章的历年数量

与此同时，国外的智囊团、思想库的发展状况以及国内建设思想库的必要性和可行性也得到国内学术界的关注（见图2.3、图2.4）。在1981年的一篇文章里，夏禹龙、刘吉等人指出，思想库"是本世纪四十年代出现的一种软科学研究机构，也称'智囊团'或'咨询公司'，它没有实验室和仪器设备；也不生产任何物质产品，而是聚集了一批专家，运用他们的集体智力，为社会、经济、军事、科学技术的组织管理提供科学依据，提供满意的或最优化的理论、策略和方法，并进行预测"①。

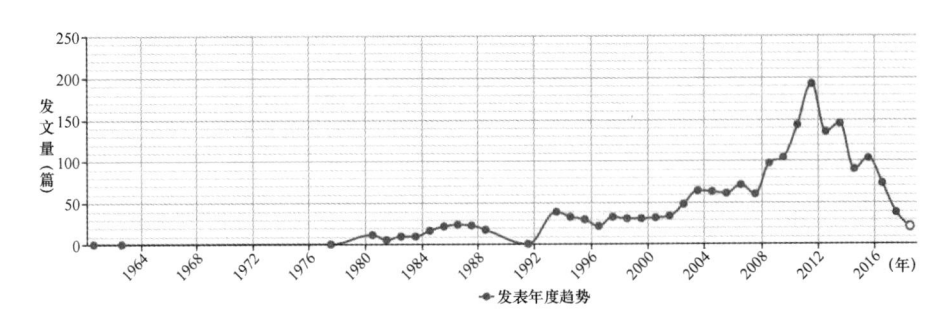

图2.3　中国知网（CNKI）收录"思想库"主题文章的历年数量

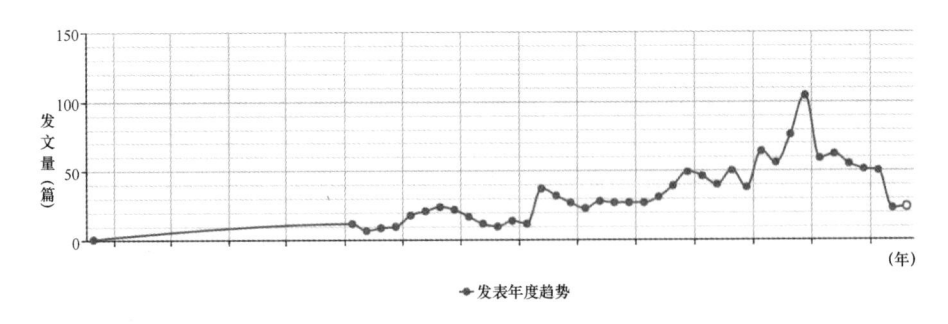

图2.4　中国知网（CNKI）收录"智囊团"主题文章的历年数量

思想解放的氛围、社会科学重新得到重视，民间科研空间的开放已经从供给侧孕育了民间智库产生的土壤，在需求侧政府对科学决策和决策研究的需求也释放出明确的信号，最后，对国外智库发展状况的介绍为国内智库的发展提供了理论和实践指导。在这些因素的综合刺激下，包括民间智库在内的各类智库机构和组织从20世纪80年代起就如雨后春笋般涌现出来。

---

① 夏禹龙、刘吉等：《论现代"思想库"制度》，《学术月刊》1981年第3期，第31—35页。

成立于1979年的北京国际战略问题学会（简介见附录）和成立于1983年的中国经济体制改革研究会（简介见附录），前者研究国际安全、世界形势和地区性问题，后者围绕经济与社会发展中的重点、难点问题进行前瞻性调研并接受政府部门的经济体制改革相关委托课题。它们都是以社团形式出现的典型的智库机构，而且属于今天规范意义上的"社会智库"，唯其"民间性"或者说"独立性"不够突出。前者创会会长是当时在任的解放军副总参谋长伍修权。后者的创始人安志文时任国家经济体制改革委员会（简称"体改委"，后并入国家发改委）副主任。据原在此工作过的王明远介绍，"由于体改委是政府机构，不方便展开对外活动，因此，安志文向中央建议成立中国经济体制改革研究会，作为中国政府对外经济理论交流的平台"[1]。由党政军部门发起、组织的社会团体（特别是学会一类学术团体）成为中国民间智库的一种模式，这类智库可以归为"半官方半民间"智库。[2] 中国民间智库的最初发展可以视为自上而下推动的结果，其动因可以归结为官方需要创造一种更加灵活的机制来开展政策研究（包括初期的对外学术、信息交流）——以突破体制原有的保守和僵化。

由政府自上而下地突破既有体制约束创造新的政策研究机制的尝试，还可以举出中国经济体制改革研究所（简称"体改所"）的例子来。1985年，在时任国家体改委副主任高尚全的推动下成立的该所，主张"应当以年轻人为主"，团结了当时一

---

[1] 王明远：《不能忘怀的那些体改委老人》，财新网，2017年08月22日，http://opinion.caixin.com/2017-08-22/101133949.html。

[2] 也有学者将社会科学院、国务院发展研究中心这类事业单位型智库作为"半官方智库"（薛澜、朱旭峰：《中国思想库的社会职能——以政策过程为中心的改革之路》，《管理世界》2009年第4期，第55—65页），与本书所说的"半官方半民间"全然不同。

大批锐意改革的中青年学者，包括后来在经济学界具有很大影响的学者曹远征、厉以宁、华生、宋国青、周其仁、张维迎，以及当时政府内的改革派官员卢迈、陈锡文、李剑阁、郭树清、楼继伟等。这个研究所"为当时中青年经济学者创造了向上层提出改革政策建议的渠道"[①]。

领民间自下而上发起成立的政策研究组织风气之先的要数"中国劳动就业问题研究组"（不久后更名为"国情与青年发展研究组"）。

除了"农发组"外，还有"中国劳动就业问题特约研究组"（简称"就业组"）。在中国社会科学院青少年研究所（简称"青少所"，1980年12月成立）负责人钟沛璋、张黎群、李景先的支持下，一支主要由中国人民大学在校本科生和研究生组成的研究组织于1981年以研究组（即"就业组"）形式挂靠在青少所下运行，一年后就业组更名为"国情与青年发展研究组"（简称"国情组"，组长李景先）。该组主要成员之一的陈子明当时还是中国人民大学研究生，他曾对研究组的研究方向和组织运作模式做出了调整建议，其目标就是要创建民间思想库，提供决策咨询。[②] 只是该研究组运转了不过一年多时间就被青少

[①] 宁南：《体改委21年》，《商务周刊》2008年第14期，第60—61页。

[②] 柳红：《一颗留下轨迹的流星——记1980—1984年的中国社会科学院青少年研究所》，《经济观察报》2014年11月17日；其中柳红这样评价了青少所："它是中国社会科学院最短命的研究所，只存活了四年——从1980年12月至1984年12月。其背后体现的是在那个特定历史转型期对于青年的关怀、理解和包容，它的不同凡响还在于外挂了两项事业，……这两项事业一个是《走向未来》丛书及其代表的思想启蒙运动；另一个是"就业组""国情组"这一跨单位、跨学科的民间青年思想库。"另参见陈子明《关于八十年代——文化思想派别等的通信》，爱思想网站，2009年7月15日，http://www.aisixiang.com/data/29150.html。

所解散，青少所也于一年后的 1984 年 12 月被取消建制，并入中国社会科学院社会学所。

"研究组"创造出托庇于官方智库而独立程度高于官方智库的一种民间智库的原始形态。因此，我们可以将 20 世纪 80 年代初作为民间智库起步发展的阶段。但第一家真正意义上的民间智库也许是 1984 年成立的广州市软科学开发服务公司（简称"软科学公司"）。这家机构的创办人是广州市社科研究所的副所长于幼军（后来累迁至正部级干部）。这家公司的主要业务是为政府提供信息和决策咨询，同时也从事调研活动。1985 年，该公司与《南风窗》杂志联合发起"假如我是广州市长"的提建议活动，共收集 1500 多封来信，接待来访 213 人次，软科学公司在这次活动中实际扮演了民意调查和研究机构的角色。[①] 它和北京国际战略问题学会相同的是，利用体制内政策研究资源而采取体制外方式运作，只是软科学公司采用了咨询企业的形式——在这一年，全国各地注册的冠名有咨询字样的企业已经达到三百多家的规模，而在此之前，最多也不过几十家（见图 2.5）。

在中国民间智库发展史上，有一次会议应当载入其史册，那就是俗称的"莫干山会议"。这是一次"民办官助"、以城市经济体制改革为中心议题、以"为党和国家献计献策"为宗旨的会议。[②] 它实际上的名义是"全国中青年经济科学工作者学术讨论会"，朱嘉明、刘佑成、黄江南、张钢等为主要发起者，整个会议的组织除了得到浙江经济研究中心（隶属省政府的政策研究机构）支持外，运作方式完全是由学者自治的。莫干山会

[①] 广州市软科学开发服务公司：《他们是"不掌印的市长"——一千五百封信综述》，《南风窗》1985 年第 9 期，第 32 页。

[②] 张维迎：《被遗忘的刘佑成》，新浪网财经频道，2019 年 1 月 12 日，http://finance.sina.com.cn/china/2019-01-12/doc-ihqhqcis5431739.shtml。

议发表的《价格改革的两种思路》《与价格改革相关的若干问题》等七份政策研究报告后来引起中央政府高层的重视,参会的华生等人提出的"价格双轨制"建议被时任国家经济委员会主任的张劲夫许为"极有参考价值"。①

到20世纪80年代中期,第一代真正意义上的民间智库人和更典型的民间智库开始出现。

1984年,陈子明研究生毕业后到中国社会科学院哲学所工作,不久后就离职开始实现他的民办教育和民间智库之梦——早在1981年,陈子明就有了关于"逐步建立社会发展战略研究中心的设想"②。他于1985年创办民办中国行政函授大学和北京财贸金融函授学院,任两校联合校务委员会召集人和中国行政函授大学常务副校长。1986年陈子明出任国家科委人才交流服务中心副主任,并创办了挂靠在该中心下面的中国政治与行政科学研究所,任常务副所长,此外还发起建立青年政治学研究会(筹备组),任召集人。中国政治与行政科学研究所在成立一年多以后分化为两家机构,其中一家北京社会经济科学研究所仍由陈子明执掌。在运营该所之余,他还创办了北京社会经济科学基金会、北京应用科技研究所、中国民意调查中心等各种形式和不同侧重的民间智库,对民间智库的中国道路进行了多方面的探索。陈子明的实践在今天看来都是十分超前的。他先是脱离了稳定的事业单位,将自己彻底变为市场人和独立学者,

---

① 参见柳红《揭秘1984年"莫干山会议"的真相》,《经济观察报》2008年10月27日;柳红《莫干山会议三十周年再记》2014年9月15日;王德颖、冯华军《中国智库的发轫:从莫干山到巴山轮》,《学习时报》2013年12月30日。

② 陈子明:《关于八十年代——文化思想派别等的通信》,另参见陈子明《荆棘路,幸福路——银婚感怀》,公法评论网,2014年10月22日,http://www.gongfa.net.cn/html/gongfashumu/20141022/2689.html。

同时通过做发行、办教育来实现财务自足。① 在他尝试建立的"智库联合体"中，既包括研究机构，也有民意调查机构②，还有作为募资平台的基金会，甚至还包括舆论宣传平台。③

作为从中国政治与行政科学研究所分化出来的另一家民间智库，1987年由李盛平创办的北京社会与科技发展研究所也致力于发展成为集研究、调查、培训、出版为一体且面向多学科的学术型智库，在机构性质上也同属"自筹资金、独立核算、自负盈亏的集体事业法人"。该研究所在20世纪80年代最具影响力的活动是编书。在李盛平主持下，先后组织了《二十世纪文库》《政治体制研究丛书》以及《牛津法律大辞典》《社会科学大辞典》《公务员百科辞典》等工具书。此外，还多次举办较大规模的学术研讨会，如首届全国现代化理论研讨会（1988年）。该所的特约研究人员大多是中国社会科学院的中青年学者，其中不少都加入到《二十世纪文库》编委会（该编委会也挂靠在青少所下）。"编委会"是20世纪80年代"文化热"中出现的一种独特的学术社团形式，有的学者认为"当时中国可能有几十个、上百个编委会"，其中影响力较大的除了《二十世纪文库》编委会外，还有以金观涛等为代表的《走向未来》丛书编委会和以甘阳、赵越胜等人为代表的《文化：中国与世界》丛书编委会。④

---

① 1984年起，陈子明协助王之虹创办北京市自强实业有限公司和北方书刊发行公司，1985年他创办了民办中国行政函授大学和北京财贸金融函授学院，任两校联合校务委员会召集人、中国行政函授大学常务副校长。在改革开放初期的"文化热"大潮中，参与书刊发行和做民办教育是当时心思活络的知识分子创收的重要方式。

② 中国民意调查中心是与《经济日报》社合作创办的，大概是当代中国最早运用现代社会科学调查方法进行民意调查的独立机构。

③ 1988年，陈子明出资接办《经济学周报》，并任报社总经理。

④ 几家主要的编委会组成的松散学术团体被知识界誉为80年代的几大思想派别。参见陈越光《八十年代的文化气息》，《湖南日报》2018年10月12日。

1986年，从中国社会科学院研究生院第一副院长岗位上离休的谢韬创办了华夏研究院。据谢韬自己介绍，他在临近退休时才开始筹备此事，他对这一机构的设想是："建立一个多学科交叉，以边缘学科、空白学科研究为主的民间科研机构，把散落在民间的高智能人才和虽然已经离休、退休但还有精力从事研究工作的老知识分子，以松散、开放的形式组织起来，给他们创造一个必要的社会条件和物质条件，发挥他们的才能，作为国家正规教育和研究的一种补充。"华夏研究院的特点是："第一、民间性；第二、开放性；第三、综合性；第四、高智力型；第五、柔性和轻型的结构。其所谓民间性，指的是民间的、自愿结合的学术研究组织，是国家科学文化教育的补充，有利于发挥民间办科学的积极性，发挥更大的经济效益，为国家发现、培养更多人才。所谓开放性，是指接收研究人员除各类在校学生外，不论学科、年龄、学历、职业、职称、性别、民族，只要有开创性见解和一定的成果……都可以受聘为华夏研究院的研究员，以研究津贴和研究基金的形式支持他进行开创性的研究，这就为民间有所作为的，特别是中青年开拓者提供一个发展才能的新天地。"[①]

华夏研究院当时得到一批党内老同志的支持，包括黄华、张友渔、李锐、于光远、钱学森、钱三强、陈野苹、马洪等。尽管由于政治环境的变化，华夏研究院的许多设想和计划都没能得以实施，但它毕竟开辟了民间智库的一条道路，即由体制内威望人士利用自身资源为民间知识分子发挥才智开辟空间这样一种上下结合的生长路径，而有别于陈子明、李盛平那样，通过个人和社会力量在体制边缘创造空间的路径。

[①] 彭哲愚：《用我们的智慧筑成我们新的长城——访华夏研究院院长谢韬》，《中国机械报》1987年1月20日；另参见王思睿《怀念谢韬先生：一代中国知识分子命运的见证》，人民网，2010年10月9日，http://www.people.com.cn/GB/198221/198307/12901956.html。

1987年成立的燕京社会科学研究所创办者和主要人员只有邓正来夫妇两人，邓正来做所长，其夫人任总干事。① 这种"学术个体户"式的研究机构得以生存，赖于当时思想文化的形成。邓正来是《二十世纪文库》的编委和总审校，靠着稿费和编辑费以及在学校兼职代课实现了个人经济独立，他办的研究所，包括1990年以后在香港创办的香港社会科学研究所，主要从事的都是学术创作和思想传播工作，并未直接参与政策知识的生产。

20世纪80年代出现的民间智库还有几家值得一提。其中有两家都是由国有大型企业创办，即1986年创办的中信国际研究所和1987年创办的首钢研究与开发公司②。这两家政策研究机构都曾在初创时有着办成民间政策咨询公司甚至看齐"兰德"的野心，也相似地在20世纪90年代后转型为主要服务企业发展战略的纯企业智库，但也最终没有逃脱被解散的命运。

另一家是曹思源于1988年创办的北京四通社会发展研究所。曹思源早年以研究企业破产制度而声名大噪。不同于陈子明、邓正来那样一直处于体制外，曹思源先后在中央党校、国务院研究中心、国务院办公厅和国家体改委工作，曾主持起草中国第一部企业破产法，被誉为"曹破产"。1988年，曹思源辞职下海，在当时声名最著的民营科技公司四通的支持下创办了北京四通社会发展研究所，主要承接地方政府和企业咨询的订单。同时他还开了一家破产咨询公司（后来打出的是"北京思源破产事务研究所"的牌子），其实是"两块牌子一套人

---

① 参见《邓正来教授学术生平》，http://dzldnw.ias.fudan.edu.cn/c8/80/c6252a51328/page.htm；于硕：《正来着，却倏然离去》，http://dzldnw.ias.fudan.edu.cn/c5/9c/c6258a50590/page.htm。

② 首钢研究与开发公司下设的国际问题研究所当时还被誉为中国第一家民间国际问题研究所，参见袁垠《我国第一家民间国际问题研究所在京成立》，《世界知识》1988年第20期，第15页。

马"。研究所由于四通公司在20世纪90年代初的经营不善而无法维持下去。倒是破产事务研究所随着企业破产制度及其施行环境的逐渐改善而渡过了民间智库发展的那一段艰难期。①

我们将1978—1988年总结为中国民间智库的初步发展期,这一时期出现的主要民间智库(参见表2.1)有一些共同的特点。第一,均由政治上的民主改革派或经济上的市场改革派发起或创办。② 第二,创办者多为体制外人士或从体制内走出来的知识分子。③ 第三,这些智库大多因20世纪80年代末政治环境的变化而关闭。

尽管这些智库如今都已不存在,但这一时期民间智库的发展也为后来积累了重要的财富。首先,它为民间智库生长路径做了多种探索,为民间智库的运营模式提供了经验。其次,它为知识分子的体制外生存、体制外发挥政策影响力提供了宝贵的经验。最重要的是,这一时期涌现了第一批民间智库人(陈子明、李盛平、曹思源等)以及一批支持民间智库发展的政府官员和体制内著名学者,后者如马洪、吴敬琏、高尚全、卢迈等,日后都成为中国重要的民间智库(社会智库)的创办者和

---

① 该所宗旨是:"作为中国改革的重要思想库和企业兼并与破产专业的社会中介组织,本所致力于中国的经济市场化和全国现代化,为各类企业和国家机关提供咨询服务,并在此基础上开展经济、政治、法律等领域某些重大改革课题的研究",参见《北京思源兼并与破产咨询事务所简介》,《生产力研究》1997年第5期,第75页。

② 一些智库积极从事思想启蒙和政治倡导,使得它们在性质上有些类似于中东欧国家民主化过程中出现的所谓"转型智库"——它们都坚持倡导政治自由主义和市场经济。关于上述国家转型智库的情况,可以参见 Ivan Krastev, "Post Communist Think Tanks: Making and Faking Influence", *Southeast European and Black Sea Studies*, Volume 1, Issue 2, 2001, pp. 17–38。

③ 陈子明1984年毕业于中国科学院研究生院之后,曾短暂任职中国社会科学院哲学研究所助理研究员。

领袖。

表2.1　20世纪80年代主要的民间智库（简介见附录）

机构名称	成立时间	机构形式与定位	主要创办人或负责人
广州市软科学开发服务公司	1984年	政策咨询公司	于幼军
中国政治与行政科学研究所	1985年	民办科研机构	陈子明
北京社会经济科学研究所	1986年	民办科研机构	陈子明
北京社会调查所	1986年	民办社会调查机构	不详
中信国际研究所	1986年	民办科研机构	唐克、李湘鲁
北京社会与科技发展研究所	1987年	民办科研机构	李盛平
华夏研究院	1987年	民办科研机构	谢韬
首钢研究与开发公司	1987年	政策咨询公司	周冠五
燕京社会科学研究所	1987年	民办科研机构	邓正来
四通社会发展研究所	1988年	民办科研机构	曹思源
北京社会文化开发研究所	1989年前	民办科研机构	不详

第二节　多元发展期（1989—2003年）

1989年是中国民间智库发展史上的一道分水岭，一些民间智库重要的创办者和领导人转向经商或者出国，也造成了智库经营人才的流失。不过，1989年后中国的市场经济改革经过短暂停顿后进程加速，市场化浪潮又推动了民间智库的快速发展。

我们将1989—2003年作为民间智库的多元发展期，下一个阶段则以2004年政府对社会组织的加强管理为标志。长期研究中国智库发展的清华大学朱旭峰教授曾总结20世纪90年代初到21世纪头几年间中国智库发展的几个特点，包括：（1）智库和智库专家相对政府更加独立，（2）一些准官方智库的研究者被吸收到政府中成为官员，"专家治理"理念被广为接受，（3）智库研究兴趣变得多元，（4）智库的影响力在变大，

（5）民间智库的发展使得传统的政策咨询体系受到挑战。① 笔者认为，多元化发展是这一时期民间智库发展的最主要特点。我们至少可以总结出这一时期得以蓬勃发展的如下几类民间智库。

一 "官助民办"的民间智库

这一年出现了两家重要的智库机构，为中国特色的民间智库发展路径探索出一条新路。这两家机构就是综合开发研究院（深圳）和中国战略管理研究会（分别成立于1989年2月和6月）。

综合开发研究院（简称"综开院"）选址深圳，颇有新型智库建设特区试点的意味，我们甚至可以把中国政府建设新型智库的主动尝试溯源到此时。"综开院"官网上提供的一则报道记录了它的创立背景、发展初期的困境和转型过程：

> 1989年，该院在中国经济学术泰斗马洪、蒋一苇和李灏、杨铮华倡导下②，由前总理李鹏特批成立，立志做"中国兰德"。不料到1992年深圳脑库难以为继，原因是中国没有独立基金或企业捐助给耗资巨大的脑库，各级政府也没有主动咨询的习惯。研究院人员上门求生意，多吃闭门羹，这些高级知识分子尝到了市场的严酷。综合研究院认为：必须根据国情分步走，为了向前迈大步，必须退后一小步。经申请综合开发研究院在学术上归属国务院研究室，

---

① Xufeng Zhu, Lan Xu, "Think Tanks in Transitional China", *Public Administration and Development*, Vol. 27, 2007, pp. 452–464.

② 马洪在"文化大革命"结束后先是创建中国社会科学院工业经济研究所，后任中国社会科学院副院长，时任国务院发展研究中心主任，蒋一苇曾任中国社会科学院工业经济研究所所长，时任重庆市社会科学院院长，两位都是经验丰富的官方智库管理者；李灏则时任深圳市市长。

党政关系则属地化归属深圳市政府，深圳市政府解决 54 人编制和工资费用；作为回报，开发院每年免费为深圳市政府做方案。①

综合开发研究院（CDI）一开始就有政府背景。它成立之初是希望探索出一条自筹资金、自负盈亏的准独立智库的道路，但实际上它的学习对象兰德公司是一家主要依靠政府委托研究订单而生存的"契约型智库"。在经历政策咨询市场的不发达造成的困境后，综合开发研究院不得不退回到"准政府智库"的模式上来。这其实与前总理李鹏当时对他们所期许的"以改革精神办成一个不同于一般事业单位的研究机构"② 存在距离——有编制、有财政支持使得它并未完全摆脱事业单位的性质。

不过，该院确实一直在探索智库社会化、市场化运作的道路。1999 年，马洪理事长在"综开院"年度工作报告中说："我们创办这个机构的初衷，就是想在研究咨询机构的社会化、市场化方面进行试点，力图闯出一条路来。"③ 这一年，"综开院"的经费的三分之二来自于研究咨询项目收入。④

中国战略与管理研究会（CISM）是 1989 年 6 月经民政部批准成立的国家一级学术团体⑤，"旨在为国家和民族的根本利益

---

① 《中国脑库，民间智慧》，综合开发研究院网站，http://www.cdi.com.cn/detail.aspx?cid=2805。

② 参见李鹏对"关于综合开发研究院（中国·深圳）的工作汇报和请示"的批示，http://www.cdi.com.cn/detail.aspx?cid=2809。

③ 马洪：《转变职能、明确定位，探索咨询工作新路》，http://www.cdi.com.cn/detail.aspx?cid=2777。

④ 例如，据"综开院"官网信息公开的材料，2010—2012 年三年接受的财政拨款额度和总收入分别为 914.62/4582.51 万元、927.83/5898.13 万元和 1112.73/6733.61 万元，虽然实际拨款数额逐年增加，但财政拨款占该机构全部资金收入的比例在减少。

⑤ 据民政部统计数据，国家一级学会数量近 500 家。

和长远发展提供战略性决策咨询和政策建议"。该研究会有三方面特点使其有别于一般的学术团体，而更符合现代智库的特点。首先，它主要以战略研究和决策咨询为主要目标。其次，在机构性质上它具有明显的复合性，除了有研究部门和自己的出版机构（1996 年注册于香港的中国战略与管理出版有限公司，现已解散），该学会也有自己旗下的产业（炎黄国医馆、兰盟战略投资顾问有限公司）①，甚至它管理的部门还可以是国家事业编制单位②。

"综开院"与中国战略与管理研究会的共同之处在于它们兼具民间性和官方色彩，而"综开院"更典型地代表了"官助民办"的智库建设模式。该模式被"综开院"副理事长兼秘书长李罗力总结为三大特点：

> 第一是强大的官方背景。由于它是国务院批准成立的全国性机构，它的领导成员和理事由全国最重要和最著名的经济学家和社会活动家组成，它得到中央政府和各级地方政府的大力支持，所以它区别于遍布国内的林林总总的各种民间咨询研究机构。第二是它的民间性。由于它在进行决策研究咨询项目前拥有更多的独立性、客观性、自主性，而绝少有以长官意志立论的"官方色彩"，这使它又区别于国务院发展研究中心和中国社会科学院这些"官方脑库"。第三是在新的历史条件下，"综开院"决心走出一条小机构大网络的运行模式，即由少数最精干的研究人员组成"脑库"的核心，由核心发挥"脑库"的中枢作用，最大限度地组织、策划和调动社会大网络上遍布全国的专家、

---

① 按照民政部 1998 年颁布的《社会团体登记管理条例》规定，国家一级学会不能从事经营性活动。

② 2012 年中国战略与管理研究会在其下成立国情战略研究中心，为国家编制事业单位，见该会官网简介。

学者及合作机构的智慧和能量。①

与综合开发研究院（深圳）有相似背景和发展轨迹的有中国（海南）改革发展研究院（简称"中改院"）。"中改院"成立于1991年年底，依托海南省政府政策研究室并借助国务院发展研究中心、国家发改委等中央智囊机构的力量建立起来。但该院在社会化道路上的探索十分积极。据"中改院"一位副院长介绍，"中改院成立后，走出了改革的三步：第一步，1991年建院之初，向海南省政府提出实行财政差额管理，80人编制只要30人的'皇粮'；第二步，1992年建院不到一年后，又主动向省政府提出事业单位企业化管理的请求，不要国家一分钱，自求生存，自我发展；第三步，1993年向原国家体改委、海南省政府提出由事业机构彻底转变为非营利性企业法人，探索在市场经济条件下办研究机构的新路子"②。有媒体将"中改院"的模式总结为"官督民办"。③

值得注意的是，"综开院"的建立有一个大的政治背景，据李罗力介绍："改革开放政策确定后，一些国际友人提出中国不能只有政府内部声音，便给当时的中央主要领导建议建立大型智库，著名经济学家马洪负责主持此事，当时马老觉得应建在前沿城市深圳。"④ 在当时的政治氛围下，"官助民办"是政府

---

① 《"中国脑库"的智囊们》，"综开院"官网，http：//www.cdi.com.cn/detail.aspx?cid=2804。

② 芦垚：《中国新智库》，《瞭望东方周刊》2014年第6期；周正平：《智库建设的中国样本——中国（海南）改革发展研究院解析》，经济参考网，2011年12月1日，http：//www.jjckb.cn/2011-12/01/content_346347.htm。

③ 周正平、金敏：《中国改革发展研究院：试水"官督民办"》，《瞭望》2009年第4期，第27—28页。

④ 《"官民跨界者"李罗力：深圳仍走在中国改革前列》，《南方日报》2014年3月11日。

较容易接受的一种方式。

"官助民办"类智库在这一时期不断有新机构新组织出现。除了上述三家以外，1993年成立的中国政策科学研究会、1997年成立的中国发展研究基金会以及1998年出现的"中国经济50人论坛"、2003年成立的国发智库研究院都属于这一类。中国经济50人论坛还开创了以论坛这种非实体平台形式扮演智库角色的新尝试。

二 "以商养研"的民间智库

进入20世纪90年代，特别是1992年邓小平南方谈话后，受到市场经济大潮涌动的刺激，出现了知识分子"下海潮"，另一方面市场咨询行业也开始进入加速发展期（见图2.5）。

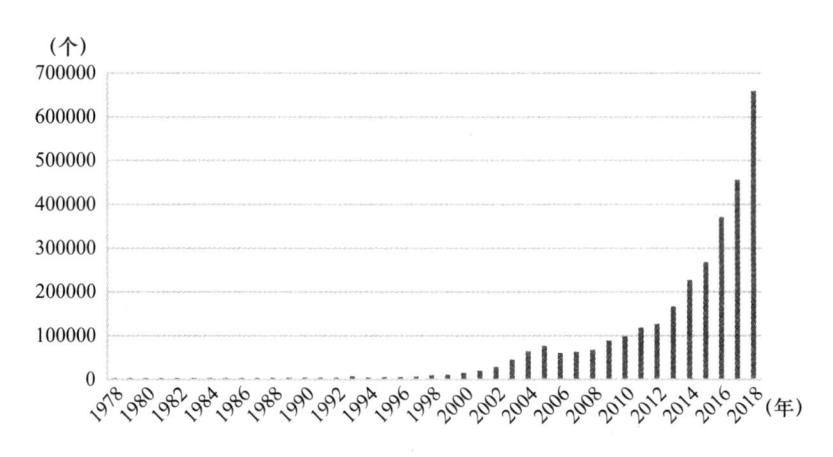

图 2.5 按年统计的名称含"咨询"的企业注册数量

资料来源："企查查"企业信用查询工具。

钟朋荣的北京视野信息咨询中心就是在这股大潮中出现的咨询机构之一。1993年末，当时被称为中国经济学界"四小龙"之一的钟朋荣（另三位是樊纲、刘伟、魏杰）与北京一批经济专家一起创办该中心，不久后他又创立了北京金思达经济策划中心。在此之前，他已经是体制内（中央办公厅研究室）

负有名望的青年经济学家、备受瞩目的高层智囊。据他自己介绍，1993年时，他曾"面临三个选择，一是到大学当教授或到社科院当研究员，二是在政府当司长，三是下海。……从实践中，他感到自己不适合做官，或者说自己对做官没有兴趣。因此，首先放弃了官道。剩下的就是在商道和文道上作选择了。……当时社会上下海的巨大潮流，几乎对每个人都形成了强烈的冲击，对钟朋荣也不例外。那时的他已经暗下决心要'下海'，但是，用他自己的话说'自己有理论情结'，对已经从事过十多年的经济研究工作无论如何也不舍得丢掉。因此，他试图寻找一个商路与文路相结合的道路。于是在1994年初，北京视野咨询中心诞生了"①。

1993年成立的北京安邦咨询公司日后成为这一行的龙头企业之一。按照创办人陈功的说法，安邦是一家专注于信息研究领域的独立的民间战略型智库，而非一般意义上的咨询公司，始终致力于"为社会提供中立、客观的研究分析成果及观点"。陈功还将安邦同官方智库做了比较：

> 与官方智库相比，安邦的研究分析观点具有更强的灵活性，可为不同客户量体裁衣，为其提供独一无二的解决方案。其次，安邦作为一家独立智库，没有依附于任何官方的资金支持，在商业上是成功的，并且这种成功有力地支持了安邦的独立性。第三，在中国，安邦首创了"国内战略信息咨询"服务产业之先河。②

李罗力曾总结中国从事资讯产业的主要是三大群体，第一

---

① 陈颖、邢章萍：《"历史误会"成就的经济学家——访北京视野咨询中心主任钟朋荣》，《经济》2010年第4期，第52—53页。

② "安邦咨询，大道至简"，参见安邦集团官网 http：//www.anbound.com.cn/DisplayArticle.php? Rnumber=977&action=ontop_view。

类是需要专业资质的法律咨询、工程咨询、财会咨询、质量认证等机构，第二类是品牌策划、营销策划、广告策划、市场推广等纯商业类的咨询企业，第三类则是研究和咨询相结合的咨询机构，这类机构往往是"原有研究机构面向社会市场化运作的产物，它们研究的对象一般来说是各级政府和大企业，咨询的课题相对来说也是比较宏观的。例如发展战略、发展规划、体制及政策设计、重大项目可行性研究、重大资产运作等"[①]。

20 世纪 90 年代以后，以曹思源的思源兼并与破产咨询事务所（1990 年正式挂牌）、零点调查（1992 年成立）、北京视野信息咨询中心（1993 年成立）、安邦咨询（1993 年成立）、长城企业战略研究所（1993 年成立）、王志纲工作室（1994 年成立）等为代表的一大批咨询与研究相结合的机构的出现，显示出中国民间智库发展正式步入市场化阶段，有人将这类智库代表的中国智库发展模式总结为"边缘化生存、商业化运作、专业化发展"[②]。这类智库独立从事政策研究的能力来自于经济独立后按照"以商养研"的模式运转，也有人称其为"双轮驱动"模式，它是中国民间智库较为普遍的一种生存路径。[③]

在"双轮驱动"模式下，市场化的咨询企业一般会将市场订单和自主研究分开，例如零点调查就将自身业务分为两种，"一是政府委托的调查，主要服务于政府决策和政府管理；二是公司自己投资、自我选题的民意调查，有助于公共决策、公共利益"。[④]

[①] 李罗力：《中国咨询产业与中国脑库——专访李罗力教授》，"综开院"网站，http://www.cdi.com.cn/detail.aspx?cid=2807。

[②] 朱坤、胡赳赳：《中国无智库》，《新周刊》2009 年第 14 期，第 22—25 页。

[③] 杨敏：《民间智库的生存哲学》，《决策》2014 年第 3 期，第 35—37 页。

[④] 同上。

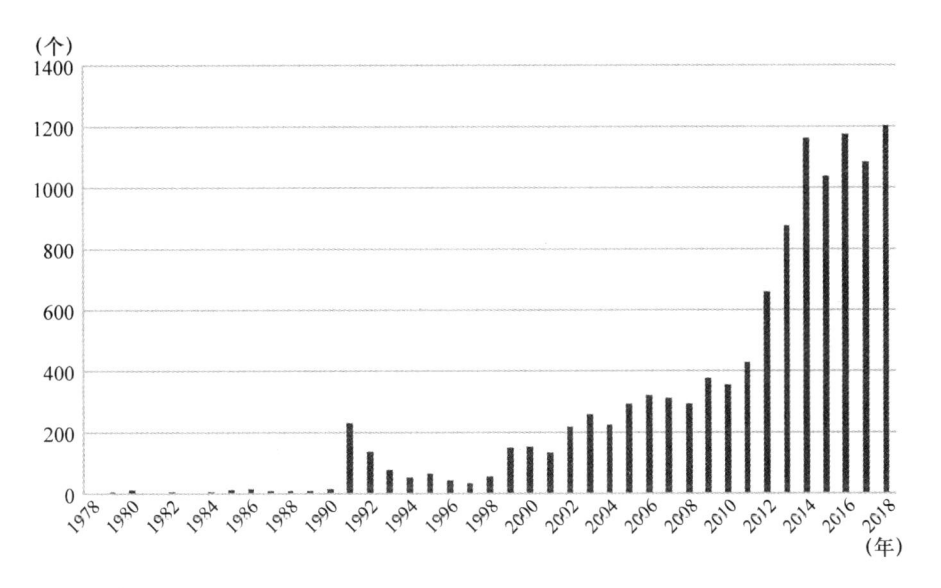

图 2.6 按年统计的名称或业务范围含"政策研究"的社会组织注册数量
资料来源:"企查查"企业信用查询工具。

在民间智库多元发展期,以独立学术为追求的智库有1993年由李凡创立的世界与中国研究所、1996年由樊纲创办的国民经济研究所、2001年由仲大军创办的北京大军经济观察研究中心以及2002年由吴敬琏和江平发起成立的上海法律与经济研究所。这些智库规模一般都很小,主要是核心成员甚至是创办人自己来支撑机构运转。另外,它们在经济改革和政治改革上所持的观点和主张往往要比政府的更加超前或激进,相应地它们的生存压力也更大。

三 民间智库多元化的表现

这一时期民间智库多元化发展,表现在如下几个方面。

第一,智库类型的多元化。如果按照美国智库的分类来做比附,学术型智库、契约型智库和倡导型智库在这一时期都有代表性机构出现。官助民办类智库往往是比较典型的契约型智库,它们因同政府关系密切,能够源源不断从政府拿到订单的智库。

上文提及的那些智库包括2002年成立的北京九鼎公共事务研究所等都具有倡导型智库的色彩。它们的共同特点包括：持相对温和的政治自由主义立场，提倡法治保障下的市场经济；主要通过学术知识的生产和传播来实现其宗旨；积极促进体制内外学者的互动交流；积极向公众传播其理念和成果。值得关注的是，倡导政治相关之外的理念如环保、绿色理念的智库开始出现，比如全国人大常委杨纪珂教授1999年创办的北京天恒可持续发展研究所。

随着社会力量尤其是NGO组织的逐步发展，这一时期出现一些更具行动意味的机构，它们的存在也模糊了智库和公益组织之间的边界。例如，1996年创办的"中国发展简报"（2003年注册为北京公旻汇咨询中心），其宗旨和定位是"面向社会发展领域的行动者、公益组织及其在企业、政府和研究机构中的支持者进行传播报道、研究咨询，并提供平台和服务"[1]。又如2001年成立的深圳当代社会观察研究所，它以促进社会公平正义为宗旨、以社区干预为主要手段，同时兼顾公共政策研究和咨询作用的发挥。

第二，智库运作方式的多元化。从初步发展期开始，民间智库就普遍采用"小机构、大网络"或者"小内核、大外圈"的机制来组建自己的研究团队。这种方式也成为民间智库运营的普遍选择。钟朋荣自己介绍说："公司内部有几个专职研究人员，这是内核；外围有几十个专家、教授，他们有的用70%的精力跟我干，有的用一半精力跟我干，形成了一个固定的外围专家圈子。"[2] 即使综合开发研究院、"中改院"这样的半官方

---

[1] 参见中国发展简报官网简介，http://www.chinadevelopmentbrief.org.cn/about_uss/19.html。

[2] 丛桦：《钟朋荣：敢说真话的独立经济学家》，《经济视野》2012年第8期。

半民间智库也都采用了这种运营机制。①

但也有智库并不努力发展外围网络,而主要是靠核心人物维持运转。曹思源、钟朋荣的咨询公司主要就是他们加上聘用的人员,李凡的世界与中国研究所雇员少时只有一两人,仲大军的北京大军经济观察研究中心更是长期只有一两名助理帮助打理日常事务。

第三,智库组织形式的多元化。1998年国务院颁布的《民办非企业单位登记管理暂行条例》,为民间智库作为社会组织存在提供了空间和法律依据。在此之前民间智库也可以注册为"民办事业单位",但由于相关管理规定不够健全,政策空间也十分狭小,因此能够注册为民办事业单位的民间智库也十分稀少。

按照民政部关于社会组织的规定,社会组织应该注册为民办非企业、基金会或社会团体中的一种,而民间智库最对口的注册形式是民办非企业。② 似乎上海在这方面有占风气之先的魄力。我们在上海社科联官网的学术社团频道看到,属于民办非企业的民间研究机构有近20家。其中上海东亚研究所、上海国防战略研究所(2000年成立)、上海环太国际战略研究中心(2000年成立)、上海金融与法律研究院、上海世界观察研究院(2003年成立)均成立于这一时期。

---

① 马洪:《转变职能、明确定位,探索咨询工作新路》;另参见迟福林《以改革的办法建设新型社会智库》(见《光明日报》2015年1月30日第2版)。

② 按照"两办"2004年颁布的《关于加强民办社科研究机构管理工作的意见》(中办发〔2004〕28号,2004年10月18日):"民办社科研究机构作为企业事业单位、社会团体和其他社会力量以及公民个人利用非国有资产举办的从事哲学社会科学研究活动的非营利性社会组织,属于民办非企业单位,其管理应纳入《民办非企业单位登记管理暂行条例》的管理范围,实行由省、自治区、直辖市人民政府民政部门和社科联双重负责的属地化管理体制。"

不过，我们在后文中还会详细介绍，注册民办非企业有许多限制条件，能够按规定注册的总是少数，而且都各有其背景和际遇。例如1992年在苏州成立的21世纪教育发展研究院因有分管教育的副市长朱永新支持而顺利获得民办非企业资格，但该研究院在北京的分部最终只能在工商部门注册。[①]

这一时期出现的"中国经济50人论坛"和"因特虎"代表了非实体化、网络化的智库组织形式。前者并无传统智库那种实体机构的外壳，代表了以人际网络为支撑，以思想交流和传播的平台为呈现方式，以决策和公众影响力为目标的一种新型智库组织方式。[②]后者则依托基于互联网的线上平台实现智力整合和思想传播，以公众舆论影响力实现对决策过程渗透为特色的"虚拟智库"。

总体而言，这段时期民间智库的发展呈现出多元化、有活力的可喜局面。尽管数量仍不算多，但在体制机制上的创新、在市场化方面的探索、在追求独立性和面向不同利益群体上的表现，这一时期出现的民间智库都为后来的新兴智库提供了全面的可资借鉴的经验。并且这一时期出现的智库大部分都持续至今，而对于民间智库来说，品牌和成熟度的累积其实是最大的财富。

第三节 调整发展期（2004—2012年）

我们把2004年作为中国智库发展的一个重要时间节点。

[①] 熊庆年、张珊珊：《一个教育NGO的组织生态——21世纪教育研究院观察》，《现代大学教育》2011年第4期，第1—7页。

[②] 据介绍，中国经济50人论坛"尽管在最初的成立阶段，国家信息中心和中国经济信息网起到了重要的组织方面的支持，但它本身不是一个（也没有意图成为一个）正式的机构，而只是一些经济学者自发组织进行交流的平台"。参见曾金胜《中国民间智库的别样生存》，《人民论坛》2007年第22期，第28—30页。

2004年1月颁布的《中共中央关于进一步繁荣发展哲学社会科学的意见》正式提出哲学社会科学研究要发挥"思想库""智囊团"作用:"党委和政府要经常向哲学社会科学界提出一些需要研究的重大问题,注意把哲学社会科学优秀成果运用于各项决策中,应用于解决改革发展稳定的突出问题中,使哲学社会科学界成为党和政府工作的'思想库'和'智囊团'。"这是智库建设进入官方高层视野的一份标志性文件。自此以后,几乎每一年党中央和中央政府都有关于推进思想库(智库)建设的文件出台。党的十八大报告进一步提出"坚持科学决策、民主决策、依法决策,健全决策机制和程序,发挥思想库作用"。

然而,民间智库进入21世纪后却开始面临调整期。同是在2004年,国家工商行政管理总局6月发布了《企业名称登记管理实施办法》(1999年公布实施)的修订版,按照新规,所有以企业形式注册的研究中心和研究所都必须重新注册为公司。此举意味着许多原来以公司形式注册的民间智库都要重新注册,从而造成一大批民间智库的转型或消亡。包括北京大军经济观察研究中心、北京思源社会科学研究中心、上海法律与政治研究所等在内的一批独立智库被注销或重新注册。像上海法律与经济研究所就迁至北京并按企业在工商部门注册,并且次年也进行了注销。

表2.2　　2004—2012年中央推动智库建设的重要文件和举措

文件/举措	时间	具体内容
《中共中央关于进一步繁荣发展哲学社会科学的意见》	2004年1月	提出要使哲学社会科学界成为党和政府工作的"思想库"和"智囊团",是中央文件中首次提到"思想库"概念
政治局常委会听取中国社会科学院工作汇报	2005年5月	强调要"进一步办好社会科学院,明确马克思主义坚强阵地、学术最高殿堂和党中央的、国务院的思想库、智囊团三大定位"

续表

文件/举措	时间	具体内容
党的十七大报告	2007年10月	提出要"鼓励哲学社会科学界为党和人民事业发挥思想库作用"
"中国国际经济交流中心"成立	2009年3月	在国务院高层下成立的中国国际经济交流中心被誉为"中国最高级别智库",同年该中心举办"全球智库峰会"。该中心成立普遍被视为政府直接推动智库发展的一项重大举措
党的十七届六中全会报告	2011年10月	明确提出"建设一批具有专业知识的思想库"
党的十八大报告	2012年11月	进一步指出"坚持科学决策、民主决策、依法决策,健全决策机制和程序,发挥思想库作用"

资料来源:据光明网、人民网、中国共产党新闻网等权威网站相关信息整理。

企业登记管理的从严要求迫使民间智库转变身份,而要注册为最适合它的民办非企业身份,根据1998年颁行的《民办非企业单位登记管理暂行条例》,民办非企业需要有业务主管单位,并通过民政部门审批。这一要求,无疑是民间智库合法化的最大困难。

在民政部注册的具有研究性质的社会组织中,注册为民办非企业的仅仅约为十分之一(见图2.7)。

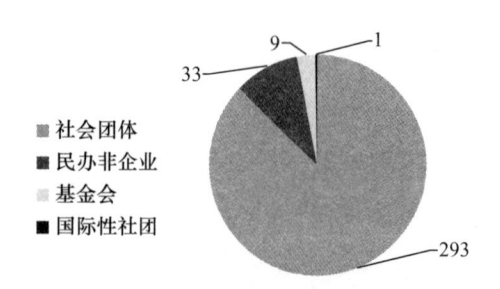

图2.7 民政部注册的研究类(名称含"研究")社会组织
资料来源:中国社会组织查询平台,检索时间2016年5月。

故事的另一面是，调整期并不意味着民间智库发展走向衰落。在这一阶段，哲学社会科学的五路"正规大军"（高等院校、社会科学院系统、党校行政学院系统、军队院校、政府研究部门）在中央政策的推力下纷纷加强了智库（思想库）建设的力度。在中央文件精神和官方智库大举发展的刺激下，民间智库在数量上还是明显增加了。上海社会科学院2013年发布的《中国智库报告》称，2003—2012年，中国民间智库的数量其实是在大幅增加。尽管该报告可能在民间智库的定义上与本报告有些许区别，但总体上这一结论可以接受。另外，据中国科技部办公厅调研室、中国科学技术发展战略研究院发布的《2009—2010年度全国软科学机构统计调查报告》，截至2010年年底，全国共有软科学研究机构2408家，比2006年年底增加了1075家，增长80.6%。[1]

表2.3　　　　　　　2004—2012年成立的一些民间智库

智库名称	成立时间	所在地	创始人	业务范围或宗旨
天大研究院	2005年	香港	方文权	国际关系和区域安全、社会问题和公共政策、金融与经济、港澳问题、资源与环境
公众力（深圳市公众力咨询有限公司）	2006年	深圳	范军	主要承担城市规划、基层治理、公众参与等相关的政府委托项目政策咨询
博源基金会	2007年	香港	秦晓、何迪等	中国经济、社会及国际关系领域内的中长期问题研究
北京传知行社会经济研究所	2007年	北京	郭玉闪	研究主要涉及税制改革、行业管制改革、公民参与、转型经验研究等
中国与全球化智库	2008年	北京	王辉耀	致力于中国的全球化战略、人才国际化和企业国际化等领域的研究

---

[1] 该数据转引自于今《中国智库发展报告（2012）：智库产业的体系构建》，红旗出版社2013年版，第20页。

续表

智库名称	成立时间	所在地	创始人	业务范围或宗旨
社会资源研究所	2008年	北京	李志艳、吴晨	专注于可持续发展问题，研究社会问题的原因，评估社会项目的策略和成效，探索社会问题的有效解决方案
中国金融40人论坛	2008年	北京	段永基、柳传志、钱颖一	探究金融界前沿课题，推动中国金融业改革实践
长策智库	2009年	北京	陈志武、雏亚龙	能源气候、经济发展、社会发展、国际关系、医疗健康等领域的公共政策研究
察哈尔学会	2009年	北京	韩方明	公共外交、和平学
北京公意智库咨询中心	2009年	北京	杨冠三	政府绩效考核、城乡规划、公众参与、公共治理等公共政策设计和公共政策评估
北京修远经济与社会研究基金会	2009年	北京	杨平	从事转型时期的公共政策研究与思想文化传播
南方民间智库	2009年创立，2012年正式注册为民非	广东	南方都市报、奥一网	借助网络问政平台，开展服务政府、服务企业、服务社会的各项社会活动
天和智库（北京）经济研究所	2010年	北京	龚成钰	致力于推动国家治理文明和现代财税制度建设
江厦智库	2012年	宁波	未详	集聚企、商、学、研等各界智慧资源，致力于为宁波民营企业提供智力服务，助力宁波经济转型升级
经纬智库	2012年	未详	毕研韬、莫佳庆等	中国改革发展战略、区域经济、国际关系、防务研究
社会转型（中国）研究院	2012年	北京	苏小玲	倡导中国社会理性、平和、渐进的转型并组织相关学术研究与知识传播
磐石环境与能源研究所	2012年	北京	赵昂等	聚焦气候变化、能源政策、清洁空气、碳市场、新能源技术创新政策和城市垃圾管理等

尽管在2004年前后一批具有政治倡导意味的民间智库关张，但新一个阶段内仍然会有新的同类智库涌现。包括洪范、

博源、传知行、社会转型研究院都可以归入此类。它们中间，有的昙花一现或维持不久就被取缔或转入地下，或者像博源和洪范那样以网站形式保留一些残存影响。

在这一阶段成立的民间智库机构中，最引人瞩目的是中国国际经济交流中心（简称"国经中心"，成立于 2009 年 3 月）。不过，这是一家高层次的"半官方半民间"智库，因其深厚的政府背景和高规格的构成人员，而一度被称为"中国第一智库""中国超级智库"。国经中心成立的背景是 2008 年金融危机后，中央政府高层意识到要进一步加强决策科学化和民主化以应对国际政治经济形势复杂多变带来的挑战。这家"半官方智库"由政府总理亲自批示成立，由前副总理曾培炎出任一把手，并整合了原来国家发改委下属的国际合作中心和对外开放咨询中心两家机构的原有力量，并保有一定的事业编制。这家"半民间智库"只得到 500 万元的启动经费，要依靠捐赠、承接项目等多元方式筹措资金，通过市场化来最大程度保障其独立性。[①] 由于"官方智库受到体制内的各种因素影响，民间智库又离决策层比较远，对高层的意图和需求也不清楚"，政府希望打造这种新型的半官方半民间智库来克服两方面的体制弊端。[②]

总体来看，在这一时期，民间智库发展值得我们注意的趋势有如下几点。

第一，具有智库功能的公益组织机构越来越多。这一过程同民间公益组织的快速增长是基本同步的（见图 2.8）。据我们观察，公益组织的智库化（名称中有研究字样的机构）倾向在 2010 年以后变得更加明显。这些机构主要面向公益事业发展、弱势人群权益保护、社会工作与社会服务、人文教育推广、企

[①] 朱家良：《中国智库建设的创新视野》，《新经济》2009 年第 7 期，第 14 页。

[②] 叶一剑：《中国打造超级智库》，《领导文萃》2009 年第 18 期，第 139—143 页。

业社会责任等。① 这些机构都出产相关公共政策的调研数据或研究成果，从"供给侧"角度来看，它们具有智库功能。主要通过民间研究及其成果推广来实现其公益目标的、更像智库的公益组织也越来越多，而且层次分布也越来越丰富，从省级到市区一级都有。例如2009年成立的深圳市现代公益组织研究与评估中心，其主要业务内容包括："受有关部门委托对社会公益组织（社会工作服务机构）及公益项目进行第三方评估；社会工作为主的公益服务发展及课题研究；开展社会公益组织能力建设；参与社会服务专业标准研究及制定；协助社会公益服务发展政策研究及国际交流；进行社会工作及公益服务专业培训课

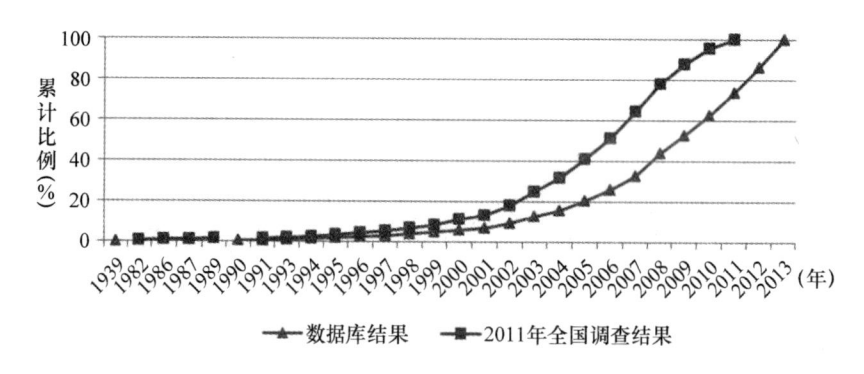

图2.8 公益组织成立数量按年份累计情况

资料来源：中国公益2.0、中山大学中国公益慈善研究院：《中国民间公益组织基础数据库数据分析报告》，2014年4月，http://www.naradafoundation.org/content/4366。

---

① 据我们在公益组织网络平台"中国发展简报"所提供的数据库中检索，此类机构至少包括：四川尚明公益发展研究中心、上海现代公益组织研究与评估中心、四川尚明公益发展研究中心、四川民新社会组织发展研究中心、21世纪社会创新研究中心、仁合公益与法律研究中心、明德公益研究中心、深圳市现代公益组织研究与评估中心、壹起社会研究中心、广东开元社会服务研究中心、广州市番禺区现代公益组织研究与评估中心、天下溪教育研究所、北京新时代致公教育研究院、深圳福田区芬芳文化研究院、南方周末中国企业社会责任研究中心等。

程开发等。"① 像这类机构，属于"公益性智库"，它通常首先是一个公益性 NGO，然后才视之为智库。这类机构既是公益组织发展的一条方向，也同时是中国特色民间智库发展的一条方向。

第二，据上海社会科学院的《2013 中国智库报告》，2003—2012 年间，民间智库发展呈现出专业性分工在加强的特点。② 其实，在民间智库多元化发展阶段（1989—2003 年），侧重于社会管理、金融、国际问题、绿色环保领域的民间智库的出现，已经显示出民间智库的专业化发展倾向。这也是政策分析市场开始形成的一个表现。天大研究院、社会资源研究所、长策智库、察哈尔学会、磐石环境与能源研究所等机构的出现只是强化了我们对民间智库研究领域专业化发展的印象。专业化成为民间智库的一种自觉追求，就如中国与全球化智库（CCG）负责人王辉耀所说"在 CCG 的成长中，按照一个国际化智库的标准去要求自己，保证自身的独立性、非营利性和专业性"③。

第三，一些智库开始积极地发挥知识与权力、政府与公众之间的桥梁作用。④ 这样的智库主要集中在社会治理创新改革前沿地带的南方地区，特别是在深圳、广州等地。与政治倡导类智库不同的是，它们并不主动采取任何批判姿态，而更多是配

---

① 参见其官网介绍 http://www.chinaevaluation.org/Home/About/index.html。

② 上海社会科学院智库研究中心：《2013 年中国智库报告：影响力排名与政策建议》，上海社会科学院出版社 2014 年版，第 15 页。

③ 尹俊国：《民间智库发展突破口已打开——专访国务院参事、中国与全球化智库主任王辉耀》，《中国青年》2015 年第 9 期，第 14—15 页。

④ 联合国开发计划署（UNDP）对智库的定义中提到："在现代民主国家，它们是知识和权力之间的桥梁"。转引自戴安娜·斯通《作为政策分析机构的智库及其三大神话》，唐磊译，参见唐磊主编《当代智库的知识生产》，中国社会科学出版社 2013 年版，第 1—22 页。

合政府的需求或是顺应政策的方向来提供咨询和服务。

民间智库帮助公众参与公共决策过程也有不同做法，像南方民间智库、"温州民间智库"（简介见附录）采用的是"网络问政"方式。另外，在南方地区，更开明的地方政府会主动购买服务，委托民间机构进行调研以完成政策过程中的"政策沟通"环节，这种情况以广东地区较为突出。

据成立于 2006 年的深圳公众力咨询有限公司①负责人范军介绍，广东地区之所以为像它这样的民间智库机构创造了空间，最主要有三条原因：（1）南方有较浓厚的商业氛围，为政府购买服务提供了良好的环境，实际上从 21 世纪初开始，广州、深圳这样的城市已经出现政府购买服务的案例，算是有一定的历史基础；（2）21 世纪头十年间，政府对于公众参与决策持比较积极的态度；（3）政府本身很难站在独立的第三方角度，而且深圳没有那么多科研机构。②另据同样于 2006 年成立的深圳乾德企业管理咨询有限公司的创办人和负责人王小刚介绍，他们公司靠接受政府订单基本实现自给自足，养起了一支十余人的队伍。

对于民间智库在帮助政府公共决策时发挥的桥梁作用，范军有过一番形容："政府的话语体系，民间可能听不懂；学者讲的话，政府听不懂，民间话语又不系统。三套体系要有'转释者'发挥作用。……我们卖的不是自己生产的智慧，而是卖的为政府与公众智慧起桥梁作用的服务，中介服务。……我们了解供给侧（政府）有哪些意见和策略方向及需求侧（老百姓）有哪些想法，我们在此基础上设计出一套政策工具包，比如公众参与该怎么做，我们设计 ABCDE 五套方案，由政府来选择一

---

① 公众力尽管注册为营利性企业，且规模较小，但属于比较典型的契约型智库，绝大多数订单来自政府，收支基本平衡，不以扩大经营性收入为企业主要目标。

② 资料来源：笔者对范军访谈的录音整理，访谈日期为 2016 年 1 月。

个可操作的。通过这个过程，帮助政府更好地花钱，更好地顺应民意，提供公共服务。"①

第四节 高速发展期（2013—2018年）

2013年是中国智库体系建设的关键一年。中央政府的首席智库国务院发展研究中心研究员陈振明在2013年4月15日上报中央的一份题为《新时期加快我国政策咨询类智库建设的建议》的内参，得到了习近平总书记大段的批示。习近平总书记在批示中指出：智库是国家软实力的重要组成部分，随着形势的发展，智库的作用会越来越大，目前我国智库发展还相对滞后，要高度重视，积极探索中国特色新型智库的组织形式和管理方式，采取有效措施引导各类智库，加强自身建设，积极建言献策，为中央科学决策提供高质量的智力支持。

表2.4　　2013年以来中央推动智库建设的重要文件和举措

文件/举措	时间	具体内容
习近平总书记对建设中国特色智库作出重要批示	2013年4月	把智库发展提高到国家战略高度，提出中国特色新型智库的建设目标
党的十八届三中全会通过《中共中央关于全面深化改革若干重大问题的决定》	2013年11月	提出建设中国特色新型智库，建立健全决策咨询制度，是推进国家治理体系和治理能力现代化的组成部分。官方文件开始使用智库代替思想库的说法
习近平总书记把智库的作用提上了国家外交层面	2014年3月	习近平总书记在访问德国时，强调在中德两国成为全方位战略伙伴关系中，加大政府、政党、议会、智库交往。提出"智库外交"将成为我国国际交流与合作的"第二轨道"

---

① 资料来源：笔者对范军访谈的录音整理，访谈日期为2016年1月。

续表

文件/举措	时间	具体内容
中央全面深化改革领导小组第六次会议审议《关于加强中国特色新型智库建设的意见》	2014年10月	习近平总书记在会议上再次强调，要从推动科学决策、民主决策，推进国家治理体系和治理能力现代化、增强国家软实力的战略高度，把中国特色新型智库建设作为一项重大而紧迫的任务切实抓好
中共中央办公厅、国务院办公厅印发了《关于加强中国特色新型智库建设的意见》	2015年1月	分为重大意义、指导思想、基本原则和总体目标，构建中国特色新型智库发展新格局，深化管理体制改革，健全制度保障体系，加强组织领导等全面论述智库发展的重要性和指导性意见
中央深改组第十八次会议审议通过了《国家高端智库建设试点工作方案》	2015年11月	提出到2020年，统筹推进党政部门、社会科学院、党校行政学院、高校、军队、科研院所和企业、社会智库协调发展，形成定位明晰、特色鲜明、规模适度、布局合理的中国特色新型智库体系，重点建设一批具有较大影响力和国际知名度的高端智库
国家高端智库建设试点工作会议在京召开	2015年12月	明确国务院发展研究中心、中国社会科学院等25家单位为首批国家高端智库建设试点单位，其中包含两家社会智库为中国国际经济交流中心和综合开发研究院（中国·深圳）
《关于社会智库健康发展的若干意见》	2016年5月	习近平总书记发表《在哲学社会科学工作座谈会上的讲话》，指出智库建设要避免形式主义，要把重点放在提高研究质量、推动内容创新上
《关于社会智库健康发展的若干意见》	2017年5月	民政部、中宣部、中组部等九部委联合印发《关于社会智库健康发展的若干意见》，细化社会智库的概念内涵和组织特征，强调了发展社会智库的重要意义，提出了扶持与规范并重的发展原则和具体举措

资料来源：据光明网、人民网、中国共产党新闻网等权威网站相关信息整理。

习近平总书记的批示意见传播开来后，社会各界建设智库的热情迅速被点燃。2013年11月召开的党的十八届三中全会审议通过的《中共中央关于全面深化改革若干重大问题的决定》提出，加强中国特色新型智库建设，建立健全决策咨询制度。

这是在中共中央文件中首次提出"智库"概念。2015 年 1 月《新型智库建设意见》的出台更意味着中国特色智库建设有了明确的路线图。

自 2013 年 4 月以后，中国智库迎来了一次跨越式的发展。2013 年以后，以智库为名注册的企业和社会组织有大幅增长之势（见图 2.9）。中国智库建设的狂飙突进式发展，用察哈尔学会主席韩方明的形容是"一哄而上做智库，争先恐后赶时髦"①。举例来说，"一带一路"愿景的提出也是在 2013 年，到了 2018 年 4 月，由中联部牵头发起的"'一带一路'智库合作联盟"（2015 年 4 月成立）在中国的理事单位就有 137 家，另一家"全国'一带一路'沿线城市智库联盟"（2016 年 6 月成立）到 2018 年 9 月召开第三届理事会时，理事单位也有了 45 家。在 2018 年夏季达沃斯论坛上，国家信息中心发布了《"一带一路"大数据报告 2018》，报告对国内"一带一路"相关智

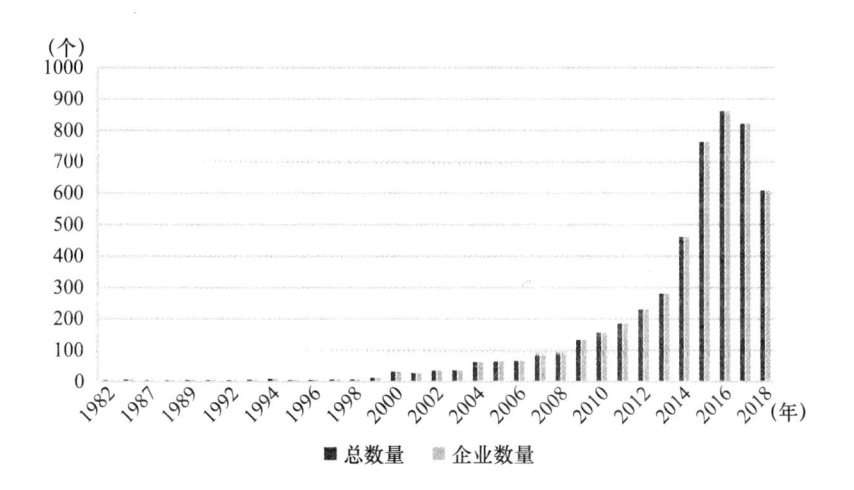

图 2.9　名称含有"智库"字样的机构历年注册数量
资料来源："企查查"企业信用查询平台。

---

① 韩方明：《中国智库发展不能大跃进》，爱思想网站，2015 年 2 月 22 日，http：//www.aisixiang.com/data/84275.html。

库影响力做了分析排名,进入考察名单的机构有上千家之多。盘古智库创办人易鹏认为,智库建设大潮"之所以在2013年启动,跟大环境有关系,最主要的就是十八大提出来要发挥思想库的作用"①。在这股大潮中,民间智库也乘浪疾进。2013年成立的国观智库负责人任力波说:"与我们同期成长起来的民间智库,大概有两百家。"②

观察2013年之后中国民间智库的高速发展,我们尝试总结了几个值得关注的特点。

第一,在"新型智库建设"这样一个略显宽泛的动员指引下,传统的智库体系与新进入的资源挈乳相生,造就了一批混合形态的新型智库。一方面,官方智库、高校智库和民间力量的资源整合也更加灵活多样,出现了像清华大学国家战略研究院(2012年成立,香港天大集团注资,与天大研究院合作)、华南理工大学公共政策研究院(2012年成立,该校校友莫道明捐资创办)、人大重阳金融研究院(2013年成立,得到上海重阳投资管理股份有限公司赞助)这样的新型高校智库。它们属于高校智库,但资金来源于社会力量,运行机制相对灵活。

另一方面,新闻出版行业的大型企业凭借其既有的内容资源以及传播力积极参与新型智库建设,它们发起成立的一批"传媒智库",包括《南方都市报》与奥一网(南方报业传媒集团旗下网站)发起成立的"南方民间智库"(2012年),南方报业传媒集团发起成立的南方舆情研究院(2014年),江苏省委宣传部联合江苏重要媒体和高校成立的紫金传媒智库(2015年),湖北日报传媒集团发起成立的长江智库(2015年),凤凰传媒创办的凤凰网国际智库(2015年),《21世纪经济报道》创办的21世纪经济研究院(2015年),财新传媒有限公司创办的财新智库(2015

---

① 转引自芦垚《中国新智库》,《瞭望东方周刊》2014年第6期。
② 引自王衍《大陆新兴智库热潮》,《凤凰周刊》2015年第16期。

年），中国新闻社发起成立的"国是百人会"（2017年），等等。

传媒智库的优势有两方面，一是作为内容生产者，它有集聚信息和智力资源的优势。例如，紫金传媒智库（2015年成立）就整合了江苏地区高校的优质资源。中新社创立的智库百人会平台（2017年成立）号称成员由三个"一百"组成，即"百名国内外致力于中国经济问题研究的经济学家，百名具有企业家精神的企业家，百名具有创新精神的政府官员"①。二是作为媒体又天然具有传播力优势，有利于其扩展影响力。

第二，大型民营企业尤其是知识密集型的高新科技企业、互联网企业，开始投入力量进行企业智库建设。20世纪80年代，首钢和中信作为大型国有企业开了企业办公共政策研究机构的先河；进入21世纪后，民营企业（不以信息咨询为主业）开始发力，阿里巴巴、腾讯这样的新兴互联网巨头建起自己的政策研究部门，不仅为企业自身发展提供相关政策研究，同时也作为民营企业政府公关（政策游说）的一种常规手段。

第三，提供咨询业务的经营性企业和社会组织纷纷举起"智库"大旗。例如，2014年王志纲工作室更名为"智纲智库"，2015年乾德管理咨询有限公司打起"乾德智库"的旗号，广西专家咨询服务协会官网采用"八桂智库"的名称。像"智纲智库"这样为代表的咨询策划机构，本质上是营利性机构，但其所从事的地区发展规划、产业规划、文旅规划等涉及公共层面，其订单不少也来自基层政府，这类"智库"不符合"非营利性"这一普遍属性，但在实际中也不妨碍它们使用"智库"这一标签。2013年之后智库建设大潮中出现的这类"智库"不在少数，较为知名的还有福睿智库、方塘智库等。有的机构咨

---

① 王恩博：《中新社启动"国是百人会"智库，为公共政策"众筹智慧"》，中国新闻网，2017年12月21日，http://www.chinanews.com/gn/2017/12-21/8405987.shtml。

询做得好，"智库"做得也不错，例如"走出去智库"主要为中国企业出海在金融、财税和法律方面提供咨询，但也能获得官方认可，《"一带一路"大数据报告2018》中该智库被评为最具影响力的"一带一路"社会智库第十位。

不仅仅是从事咨询业市场化服务的机构亮出智库旗号，那些非咨询业企业也同样把自己包装为智库。企业孵化机构可以称为智库，如北京创享智库咨询有限公司（简称创享智库）。这些经营性企业乐意打上智库标签，似乎这样显得"高大上"，有利于其业务推广。这类智库借智库之名行商业之实，可以称之为"商业智库"，尽管这种叫法本身有点不伦不类，但这也是它们自己的发明。比如创享智库就在其介绍中称自己是"一家具有全球视野的商业智库机构"①，还有一些为特定产业服务的机构或平台，如算力智库，是"中国领先的区块链产业智库型平台"，旗下的算力智库研究院定位为"第三方独立研究机构"，致力"打造区块链赋能实体产业的全球化数据、研究、评级一体的投研平台"②。

有些"智库"机构干脆压根不从事政策研究，而是从事其他经营性业务。例如"环球人力资源智库"，它的简介明确表明它的培训机构本质："专业的HR和管理者学习平台，为企业提供线上+线下一体化人才培养整体解决方案"③。也有经纪机构自称智库，如"群贤智库"，它实际是"名人智力资源开发储备和市场运营平台，专业的名人演讲和社会活动经纪机构"，但自己定位为"沟通社会和名人的桥梁、为智库服务的智库"④。我们勉强可以把培训视为一种智力提供，经纪公司也勉强可以同作为"思想掮客"的智库搭上那么一点点关系，但有的"智

---

① 简介见其网站：http：//www.cxzhiku.com/。
② 简介见其网站：https：//www.sli.top/。
③ 简介见其网站：http：//www.ghrlib.com/。
④ 简介见其网站：http：//www.bjqxzk.com/。

库"的活动则让人大跌眼镜，比如"环球影响力智库"的核心品牌活动是"环球影响力小姐大赛"。

第四，不少网站、在线社区、微信公众号等虚拟平台挂上"智库"之名，这其中有一些平台是民间思想宣传的阵地，例如2015年出现的三家，"汉君民间网络智库"关注国防和军民融合，"务求汇集优秀的中华草根精英打造中国一流的民间战略网络智库"①，被《环球时报》专门报道过的"红德智库"颇有网络舆论战阵地的味道。②"民兵智库"微信公众号拥有数十万粉丝，转发的帖子涉及"大国博弈、政史揭秘、民生观察、领导内参"，其思想倾向具有民粹主义意味。

有些公众号汇聚和发布一定领域或主题的信息，但与公共政策议题毫无关系，也愿意用上智库标签，通过搜狗微信搜索引擎"智库"得到198个微信公众号，除了一些正经智库机构运营的公众号外，甚至还包括"奶粉智库""球智库"这样匪夷所思的用法。

第五，越来越多的民间智库开始意识到身份合法性的重要，而自觉寻求按照社会组织完成注册，但"找婆婆"的困难依旧是民间智库身份合法化的主要障碍。根据图2.9所示，以企业形式注册的智库仍然占绝对多数。

由于这种情况，大部分民间智库最终采用企业注册方式。1998年之前是缺少《民办非企业单位登记管理暂行条例》这样的法律依据，有一些灰色地带。1998年之后，虽然有法可依，但愿意当"婆婆"的少之又少。事实上，即使到了2012年以

---

① 简介见其网站：http://www.caogen.com/blog/index.aspx?ID=660；该论坛挂靠的"草根网"汇集"来自民间的思想"，并办有"草根智库"频道（http://www.caogen.com/infor_more/0/1.html）。

② 环球网：《中国红德智库正式成立》，2015年7月20日，http://china.huanqiu.com/article/2015-07/7054939.html?agt=15438。红德智库成立时还同时举办了中国民间智库联盟年会。

后，尽管通过各种方式获得民办非资格的民间智库越来越多，但过程普遍艰难。例如前滩综研智库①，"2013 年，为了获得一个 NGO 的身份，前滩综研至少找过 3 个'婆婆'，创建者首先找到上海市科委，接着被推荐给了浦东新区科委，但是，后者对创建智库不太理解。于是，何万篷等人又辗转联系到徐汇区科委作为挂靠单位"。② 而且成功申请下来的仍是少数，比如 2013 年成立的盘古智库，最初打算以 NGO 形式注册，但最终还是以公司形式成立。

另外，值得注意的是，2018 年 6 月，民政部办公厅颁布了《关于在社会组织登记管理工作中加强名称管理有关问题的通知》（民办发〔2018〕11 号），该通知要求"加强社会组织名称管理，确保社会组织的名称与其组织性质、业务范围、登记管理机关管辖区域等相一致"。举例来说，按照公益慈善类注册的机构就不能轻易冠以"研究"之名——按照规定，如果用研究所、研究院命名的机构，主管单位应当是属地的社科联。虽然是"通知"，但它依旧具有行政强制力，原来兼具公益色彩的倡导性智库，其业务范围就要受到限制或者被迫进行调整（见表 2.5）。

第六，伴随智库建设热而来的是智库研究热，智库研究热的另一表现是智库评价热，据称发布各类智库评价报告的机构多达 10 余家，还有若干机构也试图加入智库评价的行列。③ 但

---

① 2013 年，何万鹏在上海徐汇区注册成立上海前滩数据信息研究发展有限公司，同年又在徐汇区注册成立民办非企业上海前滩新兴产业研究院。

② 韩玮：《中国智库疾进：官办智库大而不强、民间智库弱而无力等问题待解》，《时代周报》网站，2014 年 11 月 3 日，http：//www.time-weekly.com/html/20141103/27004_1.html。

③ 荆林波、甄宇鹏：《对智库"评价热"的冷思考》，《经济日报》2018 年 3 月 23 日。据了解，中国社会科学院、上海社会科学院、四川社会科学院、南京大学、零点研究院等机构都先后发布了国内或全球性的智库排行榜单。

是，学界对于民间智库或社会智库的关注明显比例极少（见图2.10）。

最后，从积极方面看，这一时期出现和成长起来的一些民间智库在国际化程度上有明显提高。上一阶段出现的中国与全球化智库、察哈尔学会在这一阶段已经具备了较好的国际影响力，在这一阶段出现的诸如盘古智库、蓝迪国际智库、大国策智库等迅速成为智库外交的活跃力量。

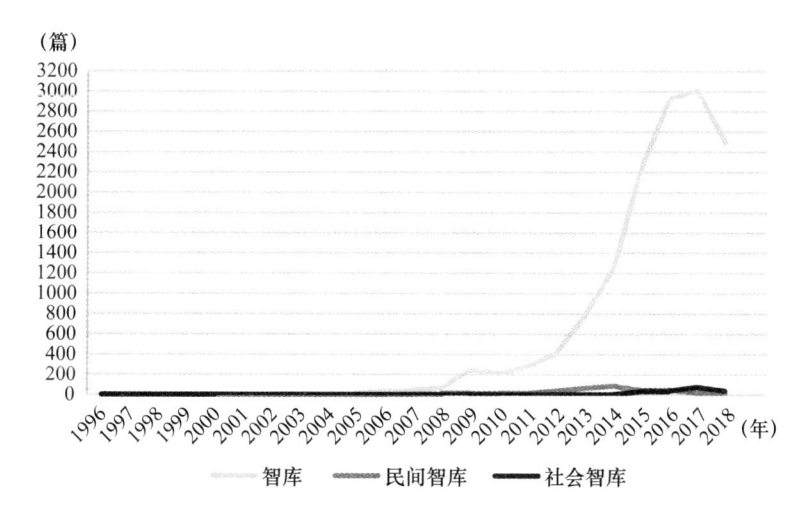

图2.10 CNKI数据库中"智库"主题研究文献逐年发表量

表2.5 某受访机构名称及业务范围在2018年民政部关于社会组织名称管理新政出台后的变更对比

变更前	变更后
**社会发展研究院	**公益服务中心
开展社会发展、公益慈善、权利保障等方面的研究；组织实施公益法律咨询与培训、支持社会组织的交流与能力建设	开展助残、扶贫、济困方面的公益活动，为残障者、贫困人群等特殊群体的平等保护和融合发展提供服务与支持

小 结

中国民间智库的发展与改革开放进程相伴随，政府对决策科学化和民主化的追求和推动直接促进了民间智库的生长。与此同时，政府也不断对民间智库发展进行规范和引导，政策导向塑定了民间智库生存与发展的基本制度空间。但总的趋势是，随着中国市场经济的不断深化，社会空间不断扩展，民间智库数量不断增多，民间智库类型也不断丰富。民间智库正逐渐成为沟通公共决策和民间社会的重要力量。2013年，智库建设在政府高层再三推动后，中国智库迎来了狂飙突进式的发展。大量不符合传统智库定义的民间机构或平台挂上"智库"名号，一定程度上加剧了智库建设的泡沫程度。

第三章　民间智库的独特作用与实现路径

2014年4月22日的《人民日报》发表了国务院发展研究中心主任李伟的一篇文章，该文精彩地总结了现代智库的四重作用：

> 一是资政辅政。以思想库和参谋助手的角色，为决策者提供政策思路和建议方案以影响决策，并对有关行动方案和实施效果作出论证、评估，为政策实施向社会作出必要的说明和引导。二是启迪民智。通过深入广泛的调研和听取社会各界的意见，以专家学者的角色撰写文章、出版论著、发表评论、开展研讨，对社会公众进行政策传播和普及。三是平衡分歧。在利益群体和诉求多元化的环境下，智库借助其客观、公正的立场提出政策观点，为不同群体的利益诉求提供交流平台。四是聚贤荐才。西方国家的智库充分发挥人才"旋转门"作用。[①]

在2016年5月多部委下发的《社会智库建设意见》中，特别点出了政府对社会智库发挥作用的期待，包括"咨政建言、

[①] 李伟：《探索中国特色新型智库发展之路》，《人民日报》2014年4月22日第7版。

理论研究、社会服务、人才储备、国际交流等"。

考察40年来中国民间智库发展的实际轨迹，笔者认为，民间智库在政策知识生产、思想传播与政策倡导、作为民意与公共决策的桥梁、作为民间公共外交渠道等方面发挥着独特作用。此外，民间智库也为具有公共情怀的知识分子在体制外生存提供了一种选择。

第一节 民间智库作为政策知识生产机构

一 从政策知识的需求层次与供给看民间智库的知识生产

有学者将中国智库按照其业务定位和研究侧重区分为四种类型，即服务国家型、驱动社会型、经济导向型、区域战略型。[①] 这一分类表示出智库的政策知识生产面对着不同的需求层次和应用场景。不过这四种类型在具体智库那里也会发生交叠。主要从事国家宏观经济政策研究的经济导向型智库当然也可以归为服务国家型，例如中国经济50人论坛。又如，不少带有倡导意味的环保类智库，它们的知识生产面向的是国家，而"面向社会启迪公众驱动社会治理"的功能发挥则应归为所谓的"驱动社会"。另外，根据该学者的分析，服务国家型智库主要是国家部委下属研究机构、社会科学院、党校系统智库。根据笔者的观察，民间智库的知识生产确实较少在这一层次或者属于服务国家型，但并非没有，在民间智库发展的每一个阶段其实都有"服务国家型"智库。

在缺乏精准定量数据的情况下，我们对民间智库政策知识的供给做一个大致的判断，即数量上仍以经济导向型、区域战略型智库为多，服务国家型、驱动社会型为少。但在影响力上，

---

① 闵学勤：《智库驱动：社会治理创新的中国探索》，《南京社会科学》2016年第2期。

后两种类型的民间智库影响力更大。在知识生产特点上，同样属于服务国家型或经济导向型，民间智库有可能更接地气。比如，钟朋荣提出的"小狗经济""斑马经济"理论就生动诠释了中国民营经济的比较特色和优势。

另外，民间智库也更有可能坚持独立的立场甚至发出批判的声音。仲大军就认为："由于他们（民间智库人）的特殊的和独立的身份，他们的声音可以更加率真，观点可以更加透明，表达方式也可以更加自由。更主要的是，由于角度不同和视野不同，民间智囊群体往往可以向社会发出一些更有参考价值的意见和观点，从而弥补政府智囊群体的不足。"[1] 美国学者麦克甘注意到，"最近的发展表明，其他智库特别是附属于大学的或是私营智库，正在通过对中国政策发展提出更具批判性的意见发挥其对中国决策过程的影响"[2]。

二 从智库的跨学科特点看民间智库的知识生产

智库语义的原始情境，就是一个跨学科的、利于政策知识生产的环境。现代智库的知识生产有两大突出特点，即问题导向和面向政策，更直白说就是面对实际问题向决策者提供解决方案，即使是面向中长期的战略性、储备性研究也主要是问题导向的。例如，令民间智库"罗马俱乐部"平台在20世纪70年代蜚声世界的未来学研究报告《增长的极限》，面对的就是资源的经济发展的约束以及世界经济增长模式的极限这样既有前瞻性又有现实意义的重大问题。

20世纪中后期世界范围智库数量的快速增加，很大程度上源于后工业社会（信息社会、知识社会）的兴起。麦克甘指出：

---

[1] 仲大军：《中国非政府研究机构（民间智库）的发展状况》，2006年5月25日，http://www.dajunzk.com/non-gov.htm。

[2] ［美］詹姆斯·麦克甘：《中国智库、政策建议及全球治理》，《国外社会科学》2013年第3期。

"技术进步出现于社会的方方面面,对决策者理解今日许多复杂的政策问题构成了挑战。问题日益复杂且超出政治家的专业知识范畴,公众在理解当代问题时也会有政治家们同样的困惑。这就促进了跨领域问题的专业智库的迅猛发展。理想的情况是,通才与专才相结合组成跨学科团队,既对短期又对长期政策问题展开研究。"①

在后工业社会出现了以问题导向和跨学科为主要特点的新知识生产模式。吉本斯等人认为新模式具有如下一些特点:知识产生于应用的背景下;研究工作的场所更为多样化,即有更多的组织参与研究活动;采用跨学科的方法和资源;以知识生产为目标的各种不同的技能和经验的组合;弱制度化的、临时的和动态分层的组织形式;更长的社会问责和贯穿研究过程并影响研究结构的反思;以及不仅通过同行评议,还寻求更广泛社会构成基础的评议系统,依托更宽泛的"应用"标准的质量控制。②

传统的研究资助部门和学术团体"在知识生产上呈现的保守主义,使其在分配研究资助时更倾向于寻求稳妥和安全,这种避免风险的方法会降低跨学科研究项目获得资助的能力"③。相较之下,智库在跨学科知识生产的组织上更具灵活性和适应性。世界顶尖智库的成功经验之一就是坚持跨学科研究。例如,兰德公司副总裁黛布拉·克诺普曼(Debra Knopman)2013年接

---

① [美]詹姆斯·麦克甘:《美国智库与政策建议:学者、咨询顾问与倡导者》,肖宏宇、李楠译,北京大学出版社2018年版,第97页。

② 参见 Michael Gibbons, Camille Limoges et al., *The New Production of Knowledge: The Dynamics of Science and Research in Contemporary Societies*, SAGE Publications, 1994。中译本,陈洪捷等译:《知识生产的新模式:当代社会科学与研究的动力学》,第3—8页。

③ 唐磊、刘霓等:《跨学科研究的理论与实践——基于研究文献的考察》,中国社会科学出版社2016年版,第43页。

受采访时曾说："我们认识到，要想做出成功决策，则必须经过数据分析。我们相信，跨学科的研究方法、国际化的研究视野将是未来发展的核心要素。"[1] 布鲁金斯学会创始人认为跨学科方法是克服大学中教育专业化的一个途径。在谈到布鲁金斯的跨学科性质时，其网站上如此描述："我们始终保持既投身于社会科学的学科，也注重跨学科方法的价值，尤其在处理当今世界的复杂和跨界问题时，因为其中国内与国外、地方和全球之间的界限已模糊不清了。"[2]

中国的民间智库人普遍意识到多学科与跨学科研究的重要性。早在20世纪80年代初，陈子明在其"逐步建立社会发展战略研究中心"的设想中，就有了多学科沙龙和多学科课题的计划，例如多学科沙龙计划"一、二月聚会一次，分别报告各人的研究成果、本学科进展、动向等，轮流主持与报告，讨论"。[3] 谢韬创办华夏研究院，也是要"建立一个多学科交叉，以边缘学科、空白学科研究为主的民间科研机构"。

中国的民间智库在跨学科实践上并非天然比政府智库、事业单位研究院所、高校智库等更具优势，它们最大的优势可能在于体制外运作能让他们得以摆脱体制保守性带来的束缚，包括观念束缚和制度束缚。民间智库的跨学科实践常常是在专家合作网络中完成，例如为一项政策研究课题寻求不同机构不同领域专家的支持。由于民间身份和客户经营的关系，它们可以"放下身段"，以更开放的心态和更谦虚的姿态接受各领域专家的意见。

---

[1] 郑讴：《美国兰德公司：通过跨学科研究方法影响政治决策》，《中国社会科学报》2013年6月21日。

[2] ［巴］马哈茂德·艾哈迈德：《美国智库与专家知识的政治学》，参见唐磊主编《当代智库的知识生产》，第90页。

[3] 陈子明：《关于八十年代——文化思想派别等的通信》。关于20世纪80年代的文化沙龙活动，参见张彦武《文化沙龙里的1980年代》，《中国青年报》2006年8月2日。

三　从组织形式看民间智库的知识生产

西方学者总结 20 世纪后期各国智库发展在组织化上的一大特点就是"小核心大网络",即"拥有一个小型的核心,但是这个核心与一张大型的、多元化的人际网络联系在一起,这张网络由专家、合作伙伴、资助方、用户和微型公众组成"①。中国的民间智库也普遍采用"小机构、大网络"的组织方式,在搭建政策专家网络时又普遍借助体制内智库的资源。正如国观智库创始人任力波总结的:"一个智库的发展,往往都会坚持'小核心大外围'的发展模式。'小核心'是指核心研究团队和核心科研管理团队,'大外围'是指如何更好地利用体制内研究资源,包括政府决策人员、优秀企业家、青年精英等。建设好这个'大外围',是要靠灵活的科研管理体制和频繁的研究项目来完成的。"② 有时,民间智库的效率之高会令体制内智库感到惊讶,其凭借的就是这种扁平化网络化的组织方式。

四　民间智库从事政策知识生产的制约因素

民间智库在政策知识生产上尚不足以与其他智库相竞争,主要是大环境的结果。上海社会科学院智库研究中心主任王荣华就坦率地指出,"民间智库赖以生存的基础,如资金筹措机制、信息共享机制、平等竞争机制等,都还是缺乏的"③。在整个智库

---

①　[荷] 保罗·T. 哈特、阿里阿德涅·弗罗门:《智库发展的国际趋势和澳洲现实》,收入唐磊主编《当代智库的知识生产》,中国社会科学出版社 2015 年版,第 62—80 页。

②　翟亚菲:《专访任力波:期待国观智库成为中国海洋领域的新星》,环球网,2016 年 12 月 8 日,http://opinion.huanqiu.com/1152/2016-12/9792440.html?agt=1。

③　刘阳:《中国智库仍需多维度破题攻坚》,人民网,2014 年 7 月 31 日,http://politics.people.com.cn/n/2014/0731/c1001-25373306.html。

体系中，民间智库依然处于边缘地位（详见第五章第三节）。

具体而言，有几个关键因素制约了民间智库的政策知识生产。

第一是平等竞争的环境。尽管中央在《新型智库建设意见》中特别提到，要"健全课题招标或委托制度，完善公开公平公正、科学规范透明的立项机制"，但在实际申报项目过程中，民间智库承接政府课题还是有许多障碍。例如，据卓亚经济社会发展研究中心理事长周成奎（曾任全国人大常委会副秘书长）介绍，"去年（2013年），我所在卓亚经济社会发展研究中心，想申请一项社会科学基金重大项目，但就因为是民间智库的身份，没有申报资格，只能退而求其次，依赖其他院校来完成申报"[①]。智库从业者和研究者们普遍将营造体制内外智库公平竞争的制度环境、统一开放的思想市场体系，作为加强中国新型智库体系需要攻克的一大难题。[②]

第二是影响政策（从而吸引客户扩大影响）的渠道。就发挥公共政策影响力而言，民间智库缺乏官方智库或高校智库的"内参""成果要报"一类渠道。政府对民间智库政策研究成果的信任度也较低。据朱旭峰教授的一项问卷调查显示，政府选择专家咨询时，首先会选择官方政策研究机构的专家，其次是半官方智库和高校学者，最后才是民间咨询机构。[③] 广东、江浙

---

① 周成奎：《民间智库的发展需配套制度支持》，参见 http：//www.yicai.com/news/4040093.html。

② 参见金家厚、鲍宗豪《提升中国智库要破解四个难题》，《北京日报》2012年2月20日；刘红春等《中国特色新型社会智库的功能、管理与发展研究》，中国社会组织网，http：//www.chinanpo.gov.cn/700105/92456/newswjindex.html；《中国智库如何参与改革决策》，《北京青年报》2013年11月11日。

③ 朱旭峰：《专家决策咨询在中国地方政府中的实践：对天津市政府344名局处级领导干部的问卷分析》，《中国科技论坛》2008年第10期，第18—23页；另参见杨敏《民间智库的生存哲学》，《决策》2014年第2期。

等地民间政策咨询机构较多的情况只是当地官方体系的政策知识生产供给不足所倒逼形成的特有局面。

第三，公共政策过程中的信息其实是一种政治资源[1]。中国政府体制和决策过程的特色造成了"一个人在官僚等级制度中的位置，决定他所能获得信息的数量与重要性"。[2] 民间智库在获取权威数据信息方面也处于最边缘的位置。

最后，由于大环境造成的生存基础薄弱，使得中国的民间智库普遍难以形成规模，并且人员流动性很高，小规模智库的运营者也很少将员工培养成为智库专门人才作为可持续发展的重要策略。我们在调研过程中发现，小规模的民间智库运营者普遍对"铁打的营盘流水的兵"现象表现淡然，有的智库聘用来的人员，无论学历高低、能力高下，其实就是老板的打工仔，甚至成果署名权都没有。在这样的情况下（其实还比较普遍），人才发展往往成为一种抽象和表面上的愿景，这对于智库的知识生产能力构成重大制约。即使"大网络"也不能解决根本问题——民间智库常常陷入作为"外脑"而不得不依靠"外脑"的尴尬。

政策知识生产的能力和水平是决定包括民间智库在内所有智库生存与发展的根本要素。优秀的民间智库或从事公共政策研究的咨询企业终究要靠这种能力来积累实力，而不是一味地"搭台子、请名人、办论坛"。安邦的创始人陈功对此深有感触，他说：

> 安邦公司通过信息分析产品以及咨询顾问服务，最终目标是为客户的科学决策提供支持，协助客户建立优势地

---

[1] ［美］小罗杰·皮尔克：《诚实的代理人：科学在政策与政治中的意义》，李正风、缪航译，上海交通大学出版社2010年版，第91页。

[2] 邹谠：《二十世纪中国政治——从宏观历史与微观行动角度看》（中文版），牛津大学出版社2012年版，第181—182页。

位。这种优势地位，既可以体现在市场竞争上，也可以体现在社会治理上，还可以表现在国家政治、外交等各个方面。这种优势地位的形成，建立在安邦数十年来为政府和企业提供咨询服务的丰富经验之上，建立在强大的信息资源整合以及信息分析能力之上，建立在科学而审慎的独立第三方的中长期观点之上。

创新是衡量战略型智库水平的关键指标。对智库而言，要创新，一定要有坚实的研究基础，一个创新的点子可以是灵光突现，但一个智库团队的创新则不能依靠点子，而必须建立在系统的研究基础上，这样才能提供持续的创新成果。①

第二节 民间智库从事思想传播与政策倡导

在世界总体现代化图景中，社会价值观与思想趋于多元是一个普遍表现，不同群体的不同思想、观念、价值的对话与碰撞，与传播技术的革命性发展相遇合，也推动了知识生产与传播形态的变革。智库在这场变革中扮演了关键角色。有学者指出，"智库是现代社会知识创造诸系统中的一种，其地位的提高是一个信号，表明知识需求、产出、供给和传播方式发生了重大转变。无论是否自主，是否带有政治性，是否由需求驱动，智库都是现代社会里'思想大战'的场所。"②

托马斯·梅德维茨（Thomas Medvetz）将智库政策专家扮演的角色用五种比喻来概括，包括作为学院派学者的政策专家、作

---

① 安邦咨询官网简介，http://www.anbound.com.cn/aboutus/about.php.
② [美]赫尔穆特·安海尔：《象牙塔外的社科研究：智库和公民社会的角色》，收入教育部社会科学司、中国社会科学院外事局组织翻译《世界社会科学报告：2010》，高等教育出版社2012年版。

为政策助手的政策专家、作为企业家的政策专家、作为媒体专业人士的政策专家以及作为矛盾角色的棘手综合体。① 如同政策专家一样，智库也实际上在不同情境下扮演着上述不同角色。它们不仅生产政策知识，也解读、宣传和推销政策思想。身处"思想市场"（marketplace of ideas）中的政策企业家要把智库的智力成果兜售给潜在消费者，而政策宣传家要"有能力将他们技术性的复杂思想整合成让人非常容易理解的形式——换句话说，一听就懂"②。虽然智库一般以影响政策为主要目的，但在直接渠道不够充分的情况下，智库也往往采取通过引导公众舆论来间接对政策过程产生影响。在智库产业最为发达的美国，也被人批评其"主要智库在抬高话语级别上比提供解决方案上表现更积极"③。

中国的民间智库一直是国内进行政策思想传播和倡导的活跃力量。20世纪80年代，数以百计的"编委会"是各种新思想、新理论的积极传播者，尤以《二十世纪文库》《走向未来》和《文化：中国与世界》三大丛书编委会为代表。进入90年代，以"自然之友"为代表的环保倡导智库不遗余力地向政府和民间推广绿色环保理念，并推动相关实践。进入21世纪，以察哈尔学会为代表的新兴民间智库则在决策层和知识界中推广"公共外交""和平学"上做出重要贡献。④

以政策思想倡导为特色的智库在中国的出现是社会利益群

---

① ［美］托马斯·梅德维茨：《智库政策专家：角色构建及其话语策略》，王演兵译，韩侃瑶校，收入唐磊主编《当代智库的知识生产》，中国社会科学出版社2015年版，第42—61页。

② 同上。

③ ［美］默里·韦登鲍姆：《华盛顿的智库及其挑战》，收入唐磊主编《当代智库的知识生产》，第116—123页。韦登鲍姆（1927—2014）是华盛顿大学原教授，生前活跃于政商学三界。

④ 察哈尔学会组织出版了《公共外交丛书》《外交与国际关系丛书》，还组织首部该领域高校教材《公共外交概论》，并通过赠书形式向高校推广，它还帮助各地建立了一批地方公共外交协会。

体分化的结果。政治学者们指出,"时至今日,中国社会的利益分化已成为一种现实,而且这种分化的利益已经开始定型为一种相对稳定的社会结构"①。布鲁金斯学会资深中国问题专家李成也认为,三大因素推动了中国新型智库建设,其中很重要一条是,"中国的市场经济的快速发展,不仅使中国经济和社会政治结构变得更加多元化,而且产生了许多新的利益集团,这些利益集团,特别是商界的利益集团,现在小心谨慎进行活动,以求影响政府政策和公众舆论"②。

政治学意义上的利益集团,其形成的目的主要是影响公共政策,而智库是利益集团发挥影响的重要渠道。郑永年结合中国政治体制特点,将中国社会利益群体的分化和由此造成的思想分化总结为"内部多元主义",他认为,"如果说在西方外部多元主义中,智库构成的是一个外部的思想市场,那么在中国的内部多元主义中,不同形态的智库构成的则是一个内部思想市场"③。在这个内部思想市场中,民间智库代表着重要的一极。

第三节　民间智库作为沟通政府与民意的桥梁

《社会智库建设意见》提出:"涉及公共利益的立法、规划、政策的制定和修订,涉及人民群众切身利益的决策事项,应通过举行听证会、座谈会、论证会等多种形式,听取社会智库的意见和建议。"这实际上是一个经由智库的"政治沟通"过程,

---

① 景跃进、张小劲主编:《政治学原理》(第三版),中国人民大学出版社2015年版,第275页。

② 李成:《中国新智库:官员、学者和企业家的互动之地》,参见唐磊主编《当代智库的知识生产》,中国社会科学出版社2015年版,第223页。

③ 郑永年等:《内部多元主义与中国新型智库建设》,东方出版社2016年版,第48页。

而"政治沟通是指定良好的公共政策的一个前提"①。在此过程中，政府也一定程度上实现了对社会利益关系的协调。

西方国家将智库视为立法、行政、司法、媒体之外的"第五种权力"，一方面是由于它们能够通过专业政策知识的生产与传播影响决策过程，另一方面，则是它们时常能够发挥向决策过程传导民意和向民众解释公共政策的桥梁作用。这种桥梁作用表现在不同方面。有时是智库尤其是民间智库更懂得民间意图，而使政府单向的、聚焦的信息采集（舆情收集）更贴近真实情况。正如麦克甘等指出的："政府机构的信息来源远比智库多得多。然而，有时智库能够迅速告知政府这些信息的含义。"② 由于政策过程中决策者并不能及时把握民意的变动，而民间智库在这方面更加敏感，因此通过民间智库的政治沟通也显示出其价值。朱旭峰用"信息不对称"对此进行解释："在委托—代理关系中，代理人并不永远是拥有信息优势的一方。特别是在决策者与专家之间的委托—代理关系中，决策者和专家都可能是掌握更多信息的一方。……因此，政策变迁中的信息不对称状态也是决定决策者对专家咨询需求的另一个因素。"③

更重要的是，由民间智库作为中介的政府与民众间的政治沟通过程，有时会突破既有的机制，带来治理的创新。早在20世纪80年代，广州软科学研究公司与当地媒体联合发起的"假如我是广州市长"提建议活动，就改变了以往民众被动参与决策过程的惯常方式。零点研究咨询集团从2010年开始设立"倾听民意政府奖"（次年更名为"倾听民声金铃奖"），深圳公众

---

① 景跃进、张小劲主编：《政治学原理》（第三版），中国人民大学出版社2015年版，第278页。

② ［美］詹姆斯·麦克甘、理查德·萨巴蒂尼：《全球智库、政策网络与治理》，上海交通大学出版社2015年版，第63页。

③ 朱旭峰：《中国社会政策变迁中的专家参与模式研究》，《社会学研究》2011年第2期，第1—27页。

力智库也在2010年出品了中国第一份基层（深圳）《政府工作民间报告》，2011年又推出"人大政协代表委员履职排行榜"。这实际上是在现有体制框架内创造出一种政治参与（投票）的新形式。尽管这些形式仍然是政策过程的机制，但在这些形式的活动中，民意不再是被动地被倾听，而是主动地参与决策过程和推动政治发展。

民间智库作为民意和公共政策间桥梁的实现路径和意义，透过中国第一个县级公共决策咨询机构"顺德区公共决策咨询委员会"的简介，可以获得更清晰地感知：

> 作为顺德区委、区政府辅助决策和社情民意征集机构，起着沟通政府与社会、连接知识与公共权力的桥梁作用，进一步带动和扩大公众参与公共决策，为政府提供具有前瞻性、创造性、操作性的意见和建议，成为区委、区政府进行科学决策、民主决策的重要"智力源"和"思想库"，有效提升了政府公信力。①

第四节 民间智库作为公共外交渠道

智库作为"二轨外交"的重要渠道，近来已经得到政府高层的认可。2013年后，与新型智库建设一同兴起的是中国智库的国际化发展。

在笔者看来，智库国际化包括开展国际性问题研究、国际合作交流、融资渠道的国际化、影响力的国际传播等方面。其中，融资渠道的国际化对于中国智库来说由于政府监管较严因而风险较高。许多民间智库在接受国际捐赠甚至国际组织委托

---

① http：//jzw.shunde.gov.cn/public/page.php？id = 233 – 7460016.

项目时都有顾虑，例如盘古智库负责人易鹏就明确表示不接受境外资金。

智库开展公共外交的手段主要包括：智库成果的国际传播，智库专家的人际交流，智库专家到国际组织任职，与外国智库开展合作研究及联合举办国际会议，以及海外设立分支机构。① 近年来，中国的民间智库在组织国际会议或论坛方面表现抢眼，也积极开展人际交流，不仅引进来也走出去。全球化智库、察哈尔学会、国观智库、盘古智库等一批在 21 世纪初涌现的民间智库机构，一方面致力开展国际问题研究，一方面积极搭建中外智库对话平台，成为中国公共外交领域一支不可忽视的力量。它们的国际影响力也通过这些活动得到提高。其中如中国与全球化智库、察哈尔学会都进入到麦克甘主持的"全球智库排名"（Global Think Tank Index）榜单中。

民间外交或二轨外交是现代国际社会交往的重要方式，不仅如此，民间力量也成为全球治理的一支越来越重要的力量。包括民间智库在内的中国民间组织在全球治理中应有更大的作为，这是国际社会的一个普遍期待。② 美国环保协会主席费雷德·克虏伯（Fred Krupp）就曾指出，在对抗气候变化、保护生态环境和人体健康及维持海洋生态系统等方面，中国的民间组织应当在全球开展更多国际交流和合作。③ 由此，我们也有理由期待中国的民间智库在参与上述全球治理议程中发挥更大作用。

---

① 柯银斌：《中国智库如何实现公共外交功能》，"第五届公共外交北京论坛发言稿"，2015 年 4 月 19 日，察哈尔学会网站，http://www.charhar.org.cn/newsinfo.aspx?newsid=9189。

② 麦克甘指出："中国参与全球治理的方式基本上仍然是以国家为中心的。"参见［美］詹姆斯·麦克甘《中国智库、政策建议及全球治理》，《国外社会科学》2013 年第 3 期。

③ 田甜：《美国环保协会主席 Fred Krupp：民间组织助力"一带一路"》，《地球》2015 年第 5 期，第 48—51 页。

第五节 民间智库作为知识分子价值实现的另一选择

民间智库除了对于公共政策和议程起到智库应有的作用外，在中国还为知识分子的价值实现提供了一种新的路径。

传统社会里的士人如果不选择与当权者抗争，就只能按照"学而优则仕"的路径生存。只有宋代以后城市经济和城市文化消费兴起，才为知识分子市场化生存提供了些许空间，但这样的文人社会地位和政治地位都很低下。1949年以后，知识分子成为工人阶级的组成部分，但他们同其他工人一样，高度依附于"单位"。这种情况直到20世纪80年代中后期市场经济逐渐得到发展而有所变化，并由此出现了第一代完全依靠市场生存的独立学者，如邓正来、李盛平、曹思源等。1992年的"下海潮"带动了一大批寻求体制外生存的知识分子投向市场怀抱，但投身企业和商海的他们不单纯为了挣钱，许多时候是为了自身价值的实现。[①]

创立"北京大军经济观察研究中心"的仲大军对于那一时期学者脱离体制成为民间学者并创办民间研究机构的初衷有切身体会，他说：

> 民间学者的出现更多地是出于个人的因素，中国民间知识资源的出现，不过是体制内资源的身份改变。为什么原先政府内部的资源变成了民间智库？主要是学者们想换一种方法来经营思想和知识的产出，换一个身份来表达思想观点。至于说与政府的需求是否有关，可能并没有多大

[①] 参见旷新年《80年代知识分子下海潮：不只为钱还有生命意义》，《新周刊》2016年第400期。

关系。这是因为，这些民间研究机构出现后，政府很少与它们发生联系，很少直接从它们那里订购产品。真正鼓动学者们离开体制的是他们个人不同的性格爱好和思想观点。①

创办智纲工作室的王志纲说，他当初离开体制的目的，从一开始就很明确，不是为了谋生，而是为了证明知识分子可以走出一条"既不依附于权贵，也不向金钱谄媚，而凭借自己的智力投身市场经济获取报酬，赢得尊严"的"第三种生存"之路。② 可以说市场经济为知识分子的体制外生存创造了条件，但选择以民间智库为业则完全出于其公共情怀。就像东中西部区域发展和改革研究院执行院长于今说的："智库是有理想的人做的，有英雄情结和浪漫主义情怀的人做的。"③

---

① 仲大军：《中国非政府研究机构（民间智库）的发展状况》。
② 王小明：《王志纲：中国式智库的第三种生存》，《中国经营报》2015年1月5日（总2092期）；张欢：《王志纲：民间智库的先行者》，《南方人物周刊》2008年第19期，第50—53页。
③ 杨敏：《民间智库的生存哲学》，《决策》2004年第Z1期，第36页。这一说法在许多接受本调研的民间智库运营者那里也出现过。

第四章　中国智库的民间与社会之维

通过前面的章节，我们厘清了民间智库的基本概念，分阶段详细描述了它自改革开放以来发展的历程，并对其特色作用和实践路径做出简要概括。本章将试图从国家与社会的关系来把握民间智库发展的根本动力，并从中国智库发展的总体图景这一视角来简述民间智库的现状与未来。

第一节　社会公共空间的开拓与民间智库发展

"民间"这一概念指向与国家相对的某种社会形式，在日常话语中，它很多时候也作为社会的含混代名词。在《辞源》《辞海》等权威辞典中，并没有为"民间"设立专门辞条。《辞海》中设有"民间文学""民间信仰""民间工艺"等辞条，根据其释义，"民间"泛指由群众、民众、劳动人民组成的广大群体及其生活生产的活动空间。① 梁治平认为，"这个名为'民间'的社会也不是那些在法律保护之下寻求各自利益满足的无数私人的聚合，毋宁说，它是建立在上面提到的各种社会组织、群体和联合基础之上的社会网络。从历史上看，'民间'的产生与存

---

① 《辞源》（1979 年版）和《辞海》（1999 年版）都有"社会"词条，前者的解释是："志趣相同结合的团体。"后者的解释是："以一定的物质生产活动为基础而相互联系的人类生活共同体。"

续并非一种现代性的现象，它与现代性过程也没有直接的联系"①。

从字源上看"群众"并不包含今天"社会"概念中所蕴含的组织化内涵。儒家伦理倡导"君子矜而不争，群而不党"（《论语·卫灵公》），意味着与价值观相同的人交往值得肯定，但结成组织就不受鼓励。在传统君权时代，家族以外的制度化的社会组织力量薄弱，主要是因为"传统社会对群体加以限制、规范，以使群体不伤'王道'，也就是说群体的存在应以对君主的统治不构成威胁为前提"②。吊诡的是，非制度化或者反制度的社会组织在历史上一再成为政权的颠覆性力量。

新中国建立后，尤其是改革开放以后，国家与社会的关系得到重新调整。邹谠将这种变化总结为："党从社会撤退，它的放松控制，以及他的'改革开放'的政策带来了相当的公共空间，这些空间过去是被党、国家所占领着或是没被任何人所占领。"③在社会不断壮大的同时，以及政府的主导和引导下，各种形式的社会组织开始参与到社会治理和政治过程。政府的主导作用"表现在两个方面，一是政府推行了有力的改革政策，这些政策有目的地大幅度减少了国家干预社会的范围，二是政府自觉谋求治理方式的变革，有意识地推动和引导社会自治的发展。"④一些实证研究也表明，社会组织的政策影响力，随着政府的政策制定过程不断开放而扩大，政府对民意的回应性在

---

① 梁治平：《"民间"、"民间社会"和 CIVIL SOCIETY——CIVIL SOCIETY 概念再检讨》，《云南大学学报》（社会科学版）2003 年第 1 期。

② 陈宝良：《中国的社与会》，浙江人民出版社 1996 年版，第 456 页。

③ 邹谠：《二十世纪中国政治——从宏观历史与微观行动角度看》（中文版），牛津大学出版社 2012 年版，第 178 页。

④ 燕继荣：《中国的社会自治》，《中国治理评论》2012 年第 1 期，第 79—112 页。

增加。①

民间智库在中国的发展，如同其他社会组织一样，都是在社会公共空间扩大的背景下进行的。纵观40年来改革开放过程，政府的角色和功能一直沿着从"全能政府"向"有限政府"这个方向调整，这也是民间智库在数量、类型、影响力等各方面不断发展的根本动力。在此过程中，政府也在逐步探索一个适当的平衡点，有时也会在调整方向上出现摇摆，这种摇摆会体现在对包括民间智库在内的社会组织的引导和监管上。②管理者一方面希望发挥社会组织作为中介和桥梁的作用协助政府治理，另一方面又担心社会组织的壮大"侵夺"政府权力，从而造成对既有秩序的冲击引发社会不稳，从而强调对其进行管控。政府对社会力量壮大和社会组织发展的矛盾态度，直接影响甚至改变着中国民间智库的发展进程。

对于中国政社关系的考量，不少学者提出"强政府强社会"的发展目标。③ 党的十九大报告中提出的"打造新时代共建共治共享的社会治理格局"可以看作是对这一目标的认可。要让社会强起来，就要赋予社会足够的空间使其能够实现自我管理，政府主要在制度建设上予以规制。④ 政府的职能要有明确的限定，更多是做"服务供应商"，而非"灵魂指路人"。⑤ 在政府

---

① 张长东：《社会组织与政策协商：多元主义与法团主义之辩》，《浙江学刊》2017年第1期。

② 贾西津：《民办思想库：角色、发展及其规制》，《探索与争鸣》2007年第10期，第34—38页。

③ 郑永年：《强政府和强社会》，《浙江人大》2011年第9期，第21页；邓聿文：《建立合乎国情的强政府和强社会管理模式》，《团结》2012年第4期，第20—24页；王名、蔡志鸿、王春婷：《社会共治：多元主体共同治理的实践探索与制度创新》，《中国行政管理》2014年第12期，第16—19页。

④ 郑永年：《强政府和强社会》，《浙江人人》2011年第9期。

⑤ 燕继荣：《强政府还是强社会?》，《人民论坛》2007年，总第212、213期（合刊），第92—93页。

调整职能,对其与市场、社会的关系进行再平衡的动态过程中,民间智库的发展不会总是一帆风顺,而是在曲折中前进。

第二节 民间智库的独立性问题

独立性是智库普遍的价值追求,也是一个饱受争议的问题。智库研究家安德鲁·里奇指出,"为获取信誉,智库寻求其独立性的最大化"①。但在独立性是否构成定义智库的关键属性问题上,越来越多的研究者认识到这取决于各国智库发展的实践。正如戴安娜·斯通所说:"在许多国家,从事政策研究的知识分子与政府之间的界线实在过于模糊,以至于把独立作为定义智库的一个要素毫无意义。"② 更深层次看,所有智库都会面对托马斯·梅德维茨所说的"知识的信誉"与"世俗的权力"(或者说知识权威和世俗权威)之间的永恒冲突。③ 这也是中国智库普遍面对的问题。中国社会科学院副院长李扬就曾坦言:"中美智库在功能上是一致的,但是路径不同。如何处理好独立、科学地为党中央决策服务,始终是我们需要面对的大问题。"④

智库类型学中的"独立智库"是一个相对严格的概念。有学者将独立智库的特点总结为:"独立智库是由没有在政府及半官方机构担任公职的专家学者利用民间资本设立的智业机构。独立智库的启动资金和运作资金均来自民间,有时也以合同方

---

① A. Rich, *Think Tanks, Public Policy and the Politics of Expertise*, Cambridge University Press, 2004, p. 12.
② [澳] 戴安娜·斯通:《作为政策分析机构的智库及其三大神话》,唐磊译,参见唐磊主编《当代智库的知识生产》,中国社会科学出版社 2013 年版,第 1—22 页。
③ [美] 托马斯·梅德维茨:《智库政策专家:角色构建及其话语策略》,王演兵译,韩侃瑶校,收入唐磊主编《当代智库的知识生产》,中国社会科学出版社 2015 年版,第 42—61 页。
④ 王衍:《大陆新兴智库热潮》,《凤凰周刊》2015 年第 16 期。

式接受政府的委托研究课题，但作为独立智业机构，他们可以拒绝政府指令性研究课题和宣贯任务，以保证客观公正性的基本宗旨。"① 如果按照严格标准，完全独立的智库在中国并不多，麦克甘就认为"独立智库在中国为数很少，仅有的几个也因预算紧张而规模可怜"②。

中国的民间智库在发展过程中由于形成路径的复杂性，在独立性上也具有复杂性。有学者就指出过，"有些挂靠于政府机构的政策研究院所，虽然在许多方面看似在'政府内'，但其研究课题的来源以及观点等都表现出独立于政府之外的特征。而有些研究机构表面上是独立的事业单位或民间组织，但由于各种原因，它们摆脱不了政府或某些公共部门的影响，事实上也并非完全独立。所以，观察中国的智库，不但要分析其机构设置方式，还要分析经费来源和运作模式"③。

在中国现有的情境下，智库的独立至少可以有三重意味：（1）在组织形式上构成独立的法人单位；（2）在财务和管理上摆脱对官方、政党和特定利益集团的依赖或依附；（3）研究方向和研究内容上具有自主性，但这不意味着其不从政府等处获得订单。总的来看，中国的民间智库40年来发展的其中一条基本线索就是不断走向独立。

保持独立性是中国民间智库得以在参政议政、启蒙民众、民间外交等方面起到不同于体制内智库的作用的根本保障。然

---

① 傅永俊：《中国智库角色与功能之研究》，国立政治大学外交系硕士论文，2010年，参见 http：//nccur.lib.nccu.edu.tw/bitstream/140.119/49417/1/200701.pdf，第32页。

② James McGann, "Chinese Think Tanks, Policy Advice and Global Governance", Indiana University Research Center for Chinese Politics & Business Working Paper, http：//www.indiana.edu/~rccpb/pdf/McGann%20RCCPB%2021%20Think%20Tanks%20March%202012.pdf.

③ 薛澜等：《多元趋势之后：中国智库仍需"松绑"》，《人民论坛》2009年第252期，第36—37页。

而，民间智库的独立性也会受到诸多内外因素的挑战。首先是，政府将在何种程度上接纳具有完全自主性的民间智库。[①] 其次是，民间智库如何处理与政府的关系。朱旭峰就指出，不少民间智库始终处于一面试图保持与政府的距离而另一边抱怨政府对它们不重视的尴尬处境中艰难前行。[②] 第三是如何在争取资源的同时协调与不同利益群体的关系。

有研究者指出，"政府部门与社会组织间的共同利益越大，社会组织既有的独立性受到损害的可能性就越小；以及社会组织采取更加专业主义导向的运作，社会组织的自主性就越强"。[③] 因此，解决上述矛盾的方案，可能在于民间智库要进一步向着公益性、建设性和专业化方向努力。

第三节　中国智库体系发展格局的不平衡问题

上海社会科学院《2013年中国智库报告》中将中国智库的发展按照体系成长的逻辑分为五个阶段：（1）智库体系初步建立（1977—1987）：政府研究机构和社会科学院系统蓬勃发展；（2）智库体系多元发展（1988—1993）：民间智库逐渐兴起；（3）智库体系基本形成（1994—2002）：大学智库开始启航；（4）智库体系转型发展（2003—2012）；（5）智库体系创新发展（2013至今）。[④] 总体来看，上述总结是成立的。

[①] 参见裴敏欣："美国智库概况"（基金会与非营利机构信息网研究报告专刊之十一），来源：www.foundationcenter.org.cn/guanli/files/files/研究报告专刊之十三.pdf。
[②] 朱旭峰：《中国思想库——政策过程中的影响力》，清华大学出版社2009年版，第200页。
[③] 王诗宗、宋程成：《独立抑或自主：中国社会组织特征问题重思》，《中国社会科学》2013年第5期。
[④] 上海社会科学院智库研究中心：《2013年中国智库报告：影响力排名与政策建议》，上海社会科学院出版社2014年版，第12—16页。

在民间智库和高校智库先后蓬勃发展之前，中国的智库体系中只存在政府内部的政策研究部门和事业单位型政策研究机构两类。20世纪80年代后半期，随着政府自觉地向决策机制民主化和科学化方向发展，民间智库应运而生，到了20世纪90年代，民间智库向着更加多元化和专业化方向发展。在同一时期，高校智库还基本处于初步发展的状态。① 并且，当时的高校智库因完全属于高校内部的科研机构，也可以归入事业单位型政策研究机构大类中。如果说智库体系的形成有赖于智库类型谱系的相对完满，那么民间智库的发展就构成这一过程的关键性因素。或者说，没有民间智库的发展，就难以得出中国智库体系初步形成的结论。

西方学者注意到，与政府关系密切是中国智库的一大特点，智库影响力的发挥也很大程度上取决于智库的类型以及它们与政府的关系。② 中国智库类型本身也体现着它们与权力部门的关系，或者说体现着它们所对应的权力体系层级。按照《建设意见》所列举的智库类型，位于第一层级的是党、政、军部门内部研究机构；第二层级的是社会科学院、党校、行政学院这类党政部门直属的事业单位型研究机构；第三层级则是科研院所和国企（主要是大型国企）的内设研究部门，社会智库或者民间智库则位于整个层级体系的底端。

不少学者指出过中国智库体系中存在的这种位阶化现象。例如，郑永年认为，在中国"内部多元的思想市场"中，"越靠近权力中心，权力中心对知识的创造者的政治信任度就越高，其知识的合法性程度也越高，被吸纳进政治体制的群体对国家核心层的政治影响力随着其离核心层距离的增加而递减，就是

---

① 首批高端智库中的武汉大学国际法研究所成立于1980年，但当时其主要是作为高校内部的一个科研机构而非决策咨询机构。

② Silvia Menegazzi, *Rethinking Think Tanks in Contemporary China*, Palgrave Macmillan, 2018, p. 86.

说,'政治距离'和政治影响力是成正比的"①。朱旭峰的实证研究也印证了"政治距离和政治影响力成正比"这一判断。他发现,在事关重大决策事项时,"政府决策者选择各类身份专家的倾向性从大到小依次是本机构内政策研究部门的专家、事业单位研究机构的专家、高校里的专家和民间咨询机构的专家"②。

即使在民间智库之内,也存在同样性质的位阶。2015年年底获批的25家"高端智库建设试点单位"中,两家"基础较好"的社会智库"综开院"和"中国国际经济交流中心"(以下简称"国经中心")得以上榜。"综开院"的官方背景已见前述。"国经中心"从运作的经费来源看主要包括政府购买服务、会员费及赞助以及商业性咨询服务收入,从这一点上看比较符合西方智库界所谓独立智库的特点,但它实际上是国家发改委下属的国际合作中心和对外开放咨询中心两家机构改制后合并而成,其理事会也都是退而未休的政府高官,且因加盟官员级别之高而一度被誉为"中国最高级别智库"。③ 因此,也属于典型的"半官半民型"智库。这两家智库被选入高端智库建设试点,本身就意味着"半官半民型"智库要比那些与政府联系较弱的民间智库位阶更高。至于资金筹措能力、影响决策渠道、人才招募层次等智库发展的软硬件条件自然也比其他民间智库要高。从这个意义上看,中国的智库体系实际上并没有彻底摆脱官方智库与民间智库二元结构的框架。

我们可以借用费孝通先生总结中国社会人际格局提出的

---

① Silvia Menegazzi, *Rethinking Think Tanks in Contemporary China*, Palgrave Macmillan, 2018, p.86.

② 朱旭峰:《专家决策咨询在中国地方政府中的实践——对天津市政府344名局处级领导干部的问卷分析》,《中国科技论坛》2008年第10期,第18—23页。

③ "中国国际经济交流中心"简介,中国社会科学网,http://www.cssn.cn/xspj/qqzmzk/201406/t20140630_1233657.shtml。

"差序格局"概念,来形容中国社会不同类型智库在智库体系中的位阶以及由此形成的政策影响力的不同和发展动能的高低。总的来看,越是接近权力中枢(决策层)的智库,其赖以生存的资源保障越充裕,咨政渠道越通畅,政策影响力越大,同时因其依附性越强,其政策思想的独立性也可能越弱。民间智库总体上"仍然只是政策制订和制造公共舆论方面的广阔图景中的边缘性参与者"[1]。《发展意见》明确表示社会智库"总体上还处于起步和探索阶段",很大程度上也是这种差序格局的结果。

民间智库发展在中国发展所遭遇的种种瓶颈,主要可以归结为如下几个方面。第一,保障其发展的体制机制不够健全,特别造成了民间智库的注册难(托管单位难寻)和筹资难(社会捐赠体制不完善)。第二,政府对民间智库的信任度不高,这直接导致其信息获取和建言献策的通道难以形成,在政策市场的竞争也缺乏公平环境。第三,人才队伍建设难,这直接影响了民间智库的专业化水平和核心竞争力。第四,管理水平和国际化水平不高,这很大程度上是因前面几种瓶颈而无法扩大规模和影响力的后果。第五,民间智库与政府、高校等类型智库交流机制匮乏,民间智库之间也缺少交流。这些瓶颈,都或多或少可以归因于上面所说的"差序格局",而民间智库未来发展的空间,也需要从差序格局的调整中寻找。

除了民间智库在整个中国智库体系中位阶过低外,中国智库体系发展格局还存在空间上的不平衡问题。20年前,时任民政部副部长的范宝俊就指出:"总的看,沿海地区、大中城市等经济文化比较发达的地方社团的数量就多一些,边缘地区则少一些。这是在一样的社会生活环境下,出现的不平衡状态,带

---

[1] 李成:《中国新智库:官员、学者和企业家的互动之地》,参见唐磊主编《当代智库的知识生产》,中国社会科学出版社2015年版,第221—222页。

有一定的规律性。"①

　　但是，区域政策也可能是影响民间组织发展的重要原因。据统计，1988年，民办科研机构数量最多的是四川这一西部省份，其次才是北京。②民间智库作为社会组织，其个体命运有时候就决定于属地主管部门对政策的把握。例如，1992年在苏州成立的21世纪教育发展研究院，因有当时分管教育的副市长的支持而顺利获得民办非企业资格，但该研究院在北京的分部最终只能在工商部门注册。又如，察哈尔学会在注册民办非企业时没有选择北京，而是选择去创办人的老家河北张家口市尚义县。政策执行的弹性取决于地方政府在处理与市场、社会关系上的观念和事件尺度。一般来说，经济越发达地区，地方政府越开明，其社会活力和社会组织的生存空间就越大，民营企业也是如此。这直接决定了中国民间智库乃至咨询机构（包含营利性和非营利性）在区域分布上的不平衡。在考虑人口数量这一变量的情况下，广东拥有的咨询企业和政策研究类社会组织数量仍高居全国各省区榜首，西部的甘肃、宁夏等省则排在末位。③

　　社会公共空间的发达程度决定了社会自治的程度，也决定了民间智库的发展程度。区域发展的不平衡问题如何改善值得决策者和包括民间智库在内的政策研究者们思考。

第四节　民间智库未来发展之路

　　2014年颁布的《新型智库建设意见》中，中央提出要"把

---

　　① 范宝俊：《关于我国公民结社活动的问答》，《瞭望周刊》1989年第39期，第32—33页。
　　② 李国光、王建华：《1988年全国民办科技机构发展态势分析》，《中国科技论坛》1989年第2期，第35—37页。
　　③ 数据来源："企查查"企业信用查询平台，统计时段为该平台能提供的全部时段数据。

中国特色新型智库建设作为一项重大而紧迫的任务切实抓好"。2017年颁布的《社会智库发展意见》提出："规范和引导社会智库健康发展，优化政策环境，对加强中国特色新型智库建设、推动国家治理体系和治理能力现代化、提升国家软实力具有重要意义。"两份文件为中国民间智库的发展同时提供了动力和约束。

民间智库的未来发展趋势如何，这一问题首先取决于政府对民间智库发展的态度，即是规制为主还是促进为主。

2015年《建设意见》出台后，人们纷纷寄予厚望，期待能为民间智库发展打开突破口。① 但是，从实际情况看，民间智库注册难、筹资难的现状要想根本扭转还需要时日。现实的例证是，笔者查阅了2017年在京注册成功的民办非企业中，具有研究性质的机构少之又少，剔除那些单一聚焦于某一产业或过于偏重科技领域的研究机构，真正能够从业务属性上归为智库的不过两三家；2017年在京注册的基金会近百家，服务公共政策研究的一家也没有。② 这说明，即使在《新型智库建设意见》和《社会智库发展意见》的双重政策激励效应之下，政府机构如何顺畅地接纳和管理包括民间智库在内的民间组织的问题还未得到有效解决，还需要我们耐心等待观念的转变和实践的开拓。

据中国国际经济交流中心的一份有关新型智库建设的研究报告称，"民间智库多元化资金筹措机制尚未形成，发展举步维

---

① 王辉耀：《"智库意见"：民间智库的一扇窗》，《留学生》2015年第2期（一月上），第14页；胡振华、袁瑛、张新设：《民间智库：发展瓶颈及其突破口》，《中国社会科学报》2017年1月27日。

② 资料来源：全国社会组织查询数据库（网址：http://www.chinanpo.gov.cn/search/orgcx.html）。

艰，这是导致民间智库难以发展壮大的最大障碍"[①]。作为民间智库筹资最重要来源之一的基金会的数量在2010年以后有了快速增长（见图4.1），似乎意味着民间智库筹资难的问题有了一定改善。具体案例中，中国与全球化智库、察哈尔学会等机构都是在2010年以后获得大笔资助而进入发展快车道。由此，我们也可以谨慎地对民间智库未来的总体发展态势表示乐观。

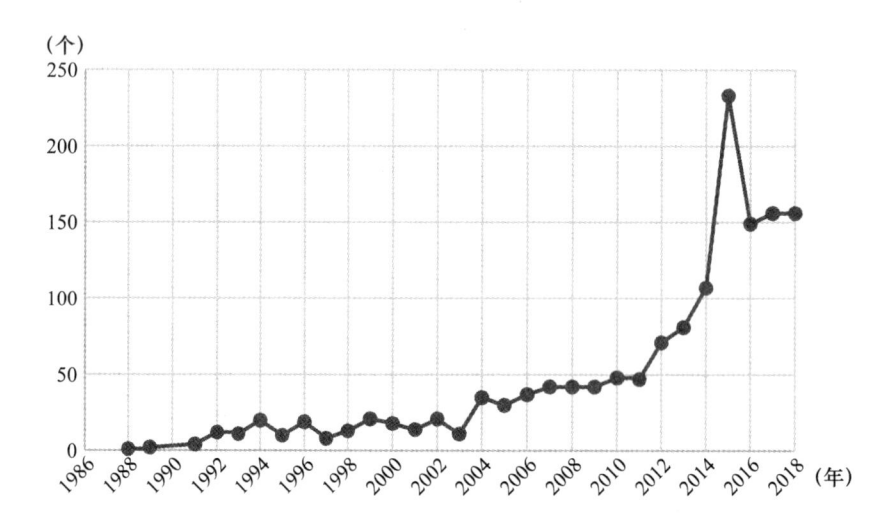

图 4.1 基金会历年注册数量
资料来源："企查查"企业信用查询平台。

国外学者坎贝尔和彼得森提出"知识体制"（knowledge regime）的概念用来描述公共政策的参与主体（不同行动者、组织和机构）以及政策观念生产与传播的过程的组合形态，并根据各国不同的政治经济体制区分了四种基本的知识体制类型：市场导向的知识体制（自由市场经济—分权的开放政府）、受政治调节的知识体制（自由市场经济—集权政府）、共识导向的知识体制（协同市场经济—分权的开放政府）、国家主义—技术治

[①] 景春梅：《中国特色新型智库建设的七大难题与八项建议》，《光明日报》2015年10月21日第16版。

国主义的知识体制（协同市场经济—集权政府）。① 根据这一模型，我们推测中国民间智库在未来较长一段时间内，其作用主要集中在从技术角度为政府提供决策咨询参考。在服务对象和研究重点上，由于智库体系"差序格局"的影响，民间智库可能也更多集中在"区策""群策"乃至"企策"，参与"国策"的民间智库可能仍然是少数。另外，即使在整体上，中国智库（不仅是民间智库）嵌入社会治理的空间和能力还有待观察。②

究竟哪种智库更有竞争力和发展空间，业界似乎也存在类似于经济领域做强国企还是壮大民企的意见分歧，不同类型智库的代表从各自立场出发可能有截然不同的主张。官方智库代表会认为，与政府保持密切联系、直接服务于政府是中国智库的一大显著特征和独特优势，应该将此发扬光大。③ 高校智库代表认为，半官方智库"既有官方的资源和信息通道资源，也有市场化活力，既有专业性，也有广泛的分布，它们的发展空间可能更好"④。民间智库代表则认为，智库思考的着眼点是长远的和未来的问题，在新的时代发展阶段，解决中国如何实现现

---

① John L. Campbell, O. K. Pedersen, "knowledge regimes and comparative political economy", in B. Daniel & R. Cox（Eds.）, *Ideas and Politics in Social Science Research*, New York: Oxford University Press, 2010, pp. 167 – 190.

② 闵学勤：《智库驱动：社会治理创新的中国探索》，《南京社会科学》2016年第2期，第16—21页。

③ 现代国际关系研究院副院长袁鹏接受中国网采访时如是说，采访文字见中国网智库中国频道：http://www.china.com.cn/opinion/think/node_7244206.htm。

④ 上海大学经济学院常务副院长聂永有教授在2015年6月第四届全球智库峰会期间接受中国青年网采访时如是说，见http://news.youth.cn/gn/201506/t20150629_6802782.htm。此处所谓的"半官方智库"应该是指本文所说的具有政府背景又按民营智库方式运行的"半官方半民间"智库。

代化、实现小康这类重大问题，还得依靠民间智库。① 民间智库最早的先行者之一的曹思源先生曾说："中国的公共政策研究机构将来也必然要以民间研究院为主力。"②

但从目前的态势看，"官助民办"（如"综开院""中改院"等）或者"官办民营"（如中国发展基金会、中国政策科学研究会、蓝迪国际智库等）的半官方半民间智库较纯粹独立的民间智库，在合法注册、筹措资金、建立专家网络以及政策影响力上都更有优势。但这些智库机构因此面临的问题则是，在政府若隐若现的主导下，它们应如何保持民间智库的独立属性。

最后，有效政策知识供给和扩大影响力之间的矛盾是所有智库都需面临的问题。习近平总书记2016年5月17日《在哲学社会科学工作座谈会上的讲话》中明确指出："近年来，哲学社会科学领域建设智库热情很高，成果也不少，为各级党政部门决策提供了有益帮助。同时，有的智库研究存在重数量、轻质量问题，有的存在重形式传播、轻内容创新问题，还有的流于搭台子、请名人、办论坛等形式主义的做法。"③

客观来看，"重形式传播、轻内容创新"是某一类智库的固有特点："由知识经纪人所组成的新式智库机构，其经纪人并不总是从事思想生产，而是促进思想生产，并且特别善于组织活动和论坛，让思想在这些活动和论坛中演化并开花结果。"④ 民

---

① 中国幸福研究院院长、马洪基金会名誉理事徐景安在深圳市马洪经济研究发展基金会举办的2017年政府工作民间评价研讨会上如是说，见http：//www.szmhf.com/res_info.aspx？id=76。

② 曹思源：《立足民间并非权宜之计》，《同舟共进》2009年第3期，第20页。

③ 习近平：《在哲学社会科学工作座谈会上的讲话》，新华网授权发布，2016年5月18日，http：//www.xinhuanet.com//politics/2016-05/18/c_1118891128.htm。

④ ［荷］保罗·T.哈特、［澳］阿里阿德涅·弗罗门：《智库发展的国际趋势和澳洲现实》，肖君拥编译，参见唐磊主编《当代智库的知识生产》，中国社会科学出版社2015年版，第66页。

间智库在智库体系的相对边缘处境上为了争取生存和发展资源，汲汲于通过各种公开亮相、组织活动来扩展影响力有时是不得已为之。究竟是将知识生产还是知识经纪作为机构的主要致力方向可能是横亘在民间智库人心头的一种长久纠结。

此外，有智库研究者发现，全球范围内智库产业的蓬勃发展和资源竞争的加剧，使得这一行业的知识生产活动中的扁平化、跨界化、契约化、生产周期加速化以及注意力频繁转移等现象越来越普遍。[①] 这意味着，中国民间智库的发展不仅受内部情境的影响，还可能与更广阔的国际智库业发展背景形成互动。毕竟，它的发展如今已经得到国际的关注，其中一些智库也已走上了国际舞台。

[①] ［荷］保罗·T.哈特、［澳］阿里阿德涅·弗罗门：《智库发展的国际趋势和澳洲现实》，肖君拥编译，参见唐磊主编《当代智库的知识生产》，中国社会科学出版社2015年版，第66页。

附录 本书所涉智库机构或平台简介

编制说明：

1. 本资料由笔者按"逐条写志"的思路编制，按智库机构创办时间先后排列，希望读者能够通过这份目录对中国民间智库的发展历程有直观的了解。

2. 附录选取了103家公共政策研究机构或平台予以介绍，其中绝大多数属于本书所论的民间智库范畴，包括具有典型意义的公共政策研究功能的市场化咨询公司以及主要发挥智库功能的学术社团组织，也酌情收录具有特色的半官方半民间智库以及事业单位型智库。

3. 并非本书提及的所有智库都编制了简介胪列于下。特别进入21世纪以后，新兴民办或社会化智库机构层出不穷，限于篇幅和资料搜集情况，我们只选取了较有代表性或曾予以专门讨论的智库机构附上简介。早期的民间智库或逐步停止活动或不再活跃，但无法确认其已注销或停办的注明相应情况。

4. 简介内容是文献调研以及对相关智库运营者、从业者的访谈结合的产物。文献来源为各类公开发表的资料，以纸质出版的书籍、期刊和报纸文章为主，互联网上的材料则参考机构网站和当事人的博客、微博等。资料来源大多在书中正文已做标注，附录中一般不加文献来源注释。机构注册信息主要来自"企查查""中国发展简报"

和"中国社会组织公共服务平台"三个网站的机构信息库系统。

1. 北京国际战略问题学会（1979）、中国国际战略学会（1992）

北京国际战略问题学会，1979年10月成立，是一个全国性的民间学术研究机构。学会成员包括从事国际战略问题研究并有一定研究水平的退役军官、现役军官、退休外交家、学者等。学会设理事会，由正副会长领导学会工作。首任会长为时任解放军副总参谋长的伍修权。学会的宗旨是维护国家安全和世界和平。其任务是研究国际安全、世界形势和地区性问题，同时承担对中国政府部门、军方和企事业单位的有关咨询。学会定期召开会议，讨论重大国际战略问题，还不定期召开专题研讨会，讨论有关的论文和报告。1992年10月改名为中国国际战略学会。

中国国际战略学会的最高领导机构为理事会。理事会选举正、副会长，领导学会工作。正、副秘书长负责日常工作。学会内设有办公室、研究部、编辑出版部、反恐怖研究中心、军控与裁军研究中心、亚太安全研究中心、安全战略研究中心等机构。中国国际战略学会的研究人员实行聘任制，主要聘请对国际问题研究和战略分析有专长的现役和退役军人、外交家及专家学者等。学会聘请国内和军内知名人士担任高级顾问和特邀研究员，对学会的学术研究工作进行咨询，撰写学术论文和参与学术交流活动。

中国国际战略学会的研究课题根据国际战略形势的发展变化，政府有关部门、军方和企事业单位的需要而确定。研究成果提供有关部门使用。学会开展经常性学术研究活动，召开形势和专题研讨会、报告会。学会出版中、英文《国际战略研究》季刊、书籍和专题报告等。

网址：http://www.ciiss.org.cn/。

2. 中国经济体制改革研究会（1983）

中国经济体制改革研究会（China Society of Economic Reform）于1983年2月，经国务院批准成立；1990年中国经济体制改革研究会正式向民政部进行了社团登记，成为国家一级学会，其主管单位为国家经济体制改革委员会（国家发展和改革委员会前身）；1999年中国经济体制改革研究会进行了人事、财务等管理体制上的改革，成为独立的法人机构。其内设机构有：办公室、调研部、外联部、公共政策研究部、公众意见调查部以及培训中心。中国经济改革研究基金会作为中国经济体制改革研究会发起设立的独立机构，日常管理及运作与研究会互相配合。此外，中国经济体制改革研究会管理的独立机构还有中国经济体制改革杂志社、改革传播影视中心等。

该研究会的主要职能是承担政府与主管部门等委托的经济体制改革方面的课题研究工作，以及围绕经济与社会发展中的重点、难点问题进行前瞻性调研，其研究成果主要供各级政府与企业做决策参考。创始会长为安志文，创办中国经济体制改革研究所和中国（海南）改革发展研究院的高尚全也曾任该会会长。对中国经济体制改革具有深远影响的"巴山轮会议"就是该研究会成立后不久组织举办的。

网址：http://www.cser.org.cn/。

3. 广州市软科学开发服务公司（1984）

广州市软科学开发服务公司成立时间为1984年上半年。据介绍，该公司是科研、应用、经营三位一体的科研型经济实体，致力于信息、咨询、管理、预测、科普、调研、智力开发、可行性研究以及提供决策方案等。公司下设科研咨询部、信息科普部和经营部。公司聘请了50余名特约研究员和17名顾问，在北京、上海、天津等大城市以及中国科技大学等单位聘请特约研究员、信息员110人。该公司采取有偿课题承包的方式，组织特约研究员开展科研，为社会提供服务。

公司实行董事会领导下的总经理责任制，首任总经理为于幼军（时任广州市社科研究所副所长，后以国务院南水北调工程建设委员会办公室副主任致仕），在其任总经理期间的1985年，该公司曾与《南风窗》联合发起"假如我是广州市长"提建议活动，在当时引起较大反响。1986年年中，丁幼军调任广州市宣传部副部长，广州市社科研究所研究人员吴志辉接任总经理，其任上公司主要业务方向为企业文化咨询，这部分业务后来转入1988年12月成立的广州企业文化协会。进入20世纪90年代，该公司基本停止活动。

该公司的成立显示了体制内智库科研人员迈向市场的最初尝试，它一方面面向市场；另一方面又服务于体制内的政策知识生产（包括民意收集），是中国的民间智库在起步阶段的一种实验形式。

4. 中国经济体制改革研究所（1985）

1985年在时任国家体改委副主任高尚全的推动下成立的中国经济体制改革研究所（简称"体改所"），是当时国家体改委下属的政策研究机构。体改所在高尚全主导下，主张"应当以年轻人为主"，团结了当时一大批锐意改革的中青年学者，包括后来在经济学界具有很大影响的学者吴敬琏、高粱、曹远征、厉以宁、华生、宋国青、周其仁、张维迎，以及政府内的改革派官员王岐山、卢迈、陈锡文、李剑阁、郭树清、楼继伟等。该所通过直接渠道向当时的最高决策者提供经济体制改革的创新性思路，也开展政治体制改革的研究和咨询工作，为当时中青年经济学者创造了向上层提出改革政策建议的渠道。这些学者关于厂长承包制、价格双轨制、中东西部梯度发展战略、沿海开放战略、西部开发战略等重大战略和体制问题的研究对后来的决策产生了直接影响。1990年，该所合并到经济管理研究所，成立新的经济体制改革与管理研究所，体改所成员也各奔前程，或出国进修或转入其他机构。

5. 中国政治与行政科学研究所（1986）

中国政治与行政科学研究所由陈子明于1986年在北京创办，挂靠国家科委人才交流服务中心（陈子明时任副主任）。陈子明1984年毕业于中国科学院研究生院，毕业后入中国社会科学院哲学研究所工作，同时业余探索民办教育和民办科研。1985年创办民办中国行政函授大学和北京财贸金融函授学院。1986年3月，中国政治与行政发展研究中心（下设于中国行政函授大学）成立，陈子明任主任，主要成员有李盛平、王军涛、闵琦等。同年8月，经国家科委人才交流服务中心批准，成立了中国政治与行政科学研究所。中国政治学会第一副会长李正文应邀担任所长，陈子明、李盛平任副所长。1987年2月，国家科委人才开发服务中心决定与中国政治与行政科学研究所"脱钩"（不再作为其挂靠单位），所内人员分流到该中心批准成立的北京社会经济科学研究所和北京社会与科技发展研究所。

6. 北京社会经济科学研究所（1986）

北京社会经济科学研究所，1986年8月经国家科委人才中心批准成立，1987年5月在北京德外双泉堡所址正式组建，首任所长陈子华，1988年陈子明接任所长。它的宗旨是：倡导知识分子的良知、客观性、公正性和历史感，开展具有独创性、超前性、批判性和实证性的学术研究。它的目标是：建立一个面向社会、面向科学、面向世界、面向未来的民间思想库，推动公民社会的形成，促进中国的现代化和民主化。

所内下设办公室、科研处、资料室、计算机室、开发部、培训部、编辑部、音像部、人事部、财务部以及经济学部、社会学部、心理学部、政治学部四个研究部门。北京社会经济科学研究所的附属机构还有华夏读书社、北京西城青年书刊发行社、北京市应用科技研究所、中国乡镇企业家培训中心、延安发展基金会等。其中，社会学部与经济日报研究所合办了中国民意调查中心，心理学部组建了北京人才评价与考试中心，经济学部于1988年接手中国经济学团体联合会主办的《经济学周报》。

1989年后该所不再开展活动，但机构仍名义上存在，2004年曾一度恢复活动，并创办思想文化网站"改造与建设"。网站在关注经济建设（国家发展战略、国土开发规划等大政方针）的同时，也特别关注心理建设、伦理建设、法制建设和公民社会的团体建设。现该机构、网站均已不存，陈子明也于2014年去世。

7. 中国社会调查所（1986）

中国社会调查所（最初称北京社会调查所）始建于1986年12月，是第一家民办社会调查机构，主管单位是中国公共关系协会。建所宗旨和主要工作是：以科学的调研手段和接受委托或合作的方式，为政府部门、社会团体、事业单位和工商企业提供各类调查业务，包括有关经济、政治、文化等领域问题的实证研究和社会反响与公众评价调查。下设办公室、公共关系部、调查部、培训部、计算中心、调查网络中心等部门。该所主要通过与政府和央媒合作（接受委托方式）开展民意调查，代表性调查包括1987年的"改革和发展中的社会心理反映"调查、首都百万流动公民民意调查（"关于中共十三大快速民意反映"）等。20世纪90年代后该所逐渐衰落。

8. 中信国际研究所（1986）

中信国际研究所（简称中信所）是中国国际信托投资公司

（中信集团）于1986年12月创办的研究机构，是国内第一家由大型企业集团创办的经济管理类研究所。创立之际，中信公司董事长荣毅仁任研究所名誉理事长，唐克（时任中信党组书记）任研究所理事长，李湘鲁（时任国务院总理秘书）任研究所首任所长，董辅礽、皮声浩同志先后接任所长。下设公司战略研究室、国际合作研究室、综合研究室、资料阅览室和行政办公室。

中信所主要职责是从事国际经济、国际区域合作、金融、企业制度、公司发展战略和组织模式等方面的研究，并承办中信公司领导交办的任务，还通过编辑出版刊物，信息提供、合作研究、组织并参加各类研讨会，与公司系统内外的研究人员进行交流，成为中信公司与理论学术界保持联系的重要窗口。中信所的特点是：面向实际，面向企业管理，面向社会，提供实用型知识成果和决策咨询。中信所成立后从事了大量前瞻性研究，为政府和中信的改革开放提供了丰富的决策咨询成果。《经济导刊》是由该所创办的刊物。

1990年以后，中信所调整业务方向，主要从事国际国内经济环境和集团战略管理的研究与咨询服务。2002年以后，中信集团决定解散中信所，原有20多名人员逐步分流到其他部门或离职，直到2007年，中信所才正式完成解散。

9. 中国管理科学研究院（1987）

为积极响应邓小平同志关于干部要着重学经济、学科技、学管理的号召，深入开展管理科学普及和理论研究，1985年4月，在中国科协科学技术培训中心举办的首届交叉学科会议上，根据著名科学家钱学森、钱三强、钱伟长和裴丽生、马洪、沙洪等领导的提议，邀请国家机关、科研机构、高等院校200多位高级科研人员署名发起请示报告要求成立中国管理科学研究院，后于1987年6月经中国政府批准成立，性质为国家事业单位。1989年8月，国家人事部批准中国管理科学研究院国家事业编制（核定编制50人），国家财政部拨给开办经费。中国管理科学研究院于2012年7月进行了国家事业单位重新登记设定。

根据管理和科研的需要，中管院总部机关设有若干职能部门。院下设学术委员会、专家咨询委员会等直属机构，90多个研究所（中心）和20多种刊物，主要开展管理科学和相关交叉科学研究及应用开发等，涵盖众多行业领域。

中管院下辖的二级研究机构众多，均在前面冠以"中国管理科学研究院"的名目，在企业信用查询平台上能查到注册数据的包括：信息产业研究所（1992年工商注册）、国际投资研究所、经济运行研究所、系统工程研究所、市场经济研究所、思维研究所上海分所、投资与市场研究所、国际经济文化合作研究所、武汉分院等；拥有官方网站（目前正常访问）的有信息产业研究所、人才战略研究所、行业发展研究所、学术委员会廉政研究中心、区域改革发展研究所、企业管理创新研究所、新兴经济产业研究所、县域经济研究所、区域改革发展研究所。上述分支机构基本上都属于挂靠在中管院下的民办机构。2012年以后，中管院多次对下属二级研究所（中心）做出过规范管理和清理。

10. 北京社会与科技发展研究所（1987）

北京社会与科技发展研究所于1987年3月成立。所长李盛平，副所长黎鸣，秘书长肖金泉。该所宗旨为：以促进中华民族科学文化的繁荣为己任，立足于当代中国社会的改革与发展，积极组织中国社会发展问题的多方位的综合研究，促进科技与文化的交流，倡导知识分子的历史责任感和主体意识。

该所建有学术委员会，主力构成是中国社会科学院各研究所的一批中青年学者。所内设科研处、编辑部、翻译中心、培训部、公共关系部、信息咨询部、技术开发处、办公室。科研处管辖现代化问题研究中心、"文化大革命"研究中心、社会法制研究中心、社会调查研究中心、情报资料室，编辑部管辖学术著作编委会、百科辞典编委会、文化教育丛书编委会、综合业务编辑室。

该所在20世纪80年代最具影响力的活动是编书。在李盛平主持下先后组织编纂了《二十世纪文库》《政治体制研究丛书》《牛津法律大辞典》《社会科学大辞典》《公务员百科辞典》《中国现代史辞典》《中国近现代人名大辞典》《中华人民共和国大辞典》等工具书。此外，还多次举办较大规模的学术研讨会，如首届全国现代化理论研讨会（1988）。进入90年代，该所活动基本停止，李盛平转为开展独立研究。

11. 华夏研究院（1987）

1987年1月9日成立于北京，由中国社会科学院研究生院原副院长谢韬在离休后创办。谢韬创办民间科学院的想法萌发于1984年，得到200多位教授、学者、作家、艺术家、企业家的支持，首任院长谢韬，副院长杨守正和甘本祓。设立该研究院是希望"建立一个多学科交叉，以边缘学科、空白学科研究为主的民间科研机构，把散落在民间的高智能人才和虽然已经离休、退休，但还有精力从事研究工作的老知识分子以松散、开放的形式组织起来，给他们创造一个必要的社会条件和物质条件，发挥他们的才能，作为国家正规教育和研究的一种补充"。

华夏研究院定位的特点是：第一，民间性；第二，开放性；第三，综合性；第四，高智力型；第五，柔性、轻型的结构。其所谓民间性，指的是民间的、自愿结合的学术研究组织，是国家科学文化教育的补充。发挥民间办科学的积极性，发挥更大的经济效益，为国家发现、培养更多人才。所谓开放性，是指接收研究人员除各类在校学生外，不论学科、年龄、学历、职业、职称、性别、民族，只要有开创性见解和一定的成果，都可申请成为本院的研究员。

建院之初，该院拟实行基金会理事会领导下的院长负责制，聘请顾问指导本院决策，设学术委员会领导本院学术活动，设院务委员会领导和组织全院的各项工作。但基金会最终没有得到有关部门批准，该院的活动也没有按计划展开，不久后便处于停滞状态。

12. 首钢研究与开发公司（1987）

首钢研究与开发公司成立于1987年9月，隶属首钢公司领导。该公司是我国第一家由大企业开办的政策咨询机构。其前身是1984年成立的首钢研究与开发中心，由首钢经济研究所（1983年成立）和首钢党委政策研究室（1982年成立）合并而成。公司注册资金200万元，自主经营，具有法人地位，实行董事会领导下的经理负责制。首任董事长为当时的首钢董事长周冠五。当时，周冠五决心创办有社会影响力的民间政策咨询公司，最终发展成为中国的"兰德公司"。

公司的主要职责和任务是：在首钢工厂委员会领导下，既为首钢改革与发展服务，又面向社会进行综合性研究咨询；对外经营范围包括提供政策咨询、企业管理咨询、技术经济咨询以及人才培训、技术开发等业务。实行开门办科研方针，努力办成有影响力的民办咨询机构。起初公司下设的研究部门包括改革与发展研究所、企业管理研究所、技术经济研究所、国际问题研究所、文化观念变革研究所（不久更名为精神文明研究所）、民主与法治研究所、信息部、刊物编辑部等。

其中，首钢国际问题研究所是影响力最大的分支机构。它于1988年9月13日在京成立，是中国第一家由大企业兴办的国际问题研究所。该所聘请前外交部副部长符浩和前外交部副部长富达非担任顾问，并聘请社会科学院系统、外事系统、高教系统和新闻出版系统的一批国际问题专家、学者为特约研究员和客座研究员。

1995 年以后，公司调整科研方针，决定把首钢经营管理与改革发展中的难点作为科研的重点，强调科研工作更好地为总公司的战略决策服务。随后公司几经业务和机构调整，最终于 2000 年 12 月注销。2004 年，首钢又成立发展研究院，定位于为首钢的改革与发展提供咨询和决策支持的智囊机构。

13. 燕京社会科学研究所（1987）、香港社会科学研究所（1992）

邓正来于 1987 年在北京创办燕京社会科学研究所，1985 年在外交学院硕士研究生毕业后他没有求职，选择独立研究，主要通过稿费谋生，被誉为"学术个体户"。大约在 1987 年前后创办该研究所（一说名为燕京社会文化研究所），自任所长，夫人任总干事。该机构主要是邓正来致力推进"民间学术"的一个活动平台。1992 年，邓正来接受资助在香港创办《中国社会科学季刊》和香港社会科学研究所。2003 年，邓正来受聘于吉林大学，结束体制外独立学者状态，2008 年调入复旦大学，2013 年因病去世。

14. 四通社会发展研究所（1988）、北京思源社会科学研究中心（1990）

四通社会发展研究所由曹思源利用民营 IT 企业四通公司经费创办。起初，时任首钢董事长周冠五想邀请正准备离开"体改委"下海的曹思源去组建其下的改革与发展研究所，曹思源最终加盟四通公司。四通公司希望成立一家为企业做公共关系维护的机构，而曹思源的目标是办一个研究社会宏观问题的研究所。最终，四通公司每年提供 18 万元经费建立"四通社会发展研究所",由曹思源运营,主要承接各类咨询课题。同时,曹思源还筹办了另外两个机构"思源兼并与破产咨询事务所"(企业工商注册)和"北京思源社会科学研究中心"(非实体)。到了1990年,四通公司不再出资,曹思源就开始直接用这两个机构名义开展活动。

1990年以后,曹思源通过为企业做破产咨询赚来的钱支持个人的宏观问题研究,2009年,北京思源社会科学研究中心有8位在编人员,历年累计承接100多个研究项目,包括修改宪法、法院改革、银行改革、国籍制度改革、医疗改革、财政支出结构改革、土地制度改革、地方政府破产制度等。曹思源于2014年去世。

15. 北京社会文化开发研究所（1989前）

具体成立时间、创办人暂不详。该所于1989年初同中国社会科学院世界经济与政治研究所"自愿结合"创办了"一个独立的民间学术组织"——"青年国际政治学研究会"。该研究会追求学术研究主体的独立,以"科学至上、学术为本"为口号,以《世界经济与政治》杂志为其学术研究阵地。该所创立之初的计划是,在个人研究、组织国内外学术交流、召开学术年会的基础上,还组织出版专著、译著、普及读物和论文集,但该所成立后不久就停止了活动。

16. 中国（深圳）综合开发研究院（1989）

中国（深圳）综合开发研究院（"综研院"）,是在中国经济学术泰斗马洪、蒋一苇和深圳地方官员李灏、杨铮华等人倡导下,经国务院批准于1989年2月在深圳经济特区创办的综合性、社会化的公共政策研究机构。首任理事长为马洪。它成立之初是希望探索出一条自筹资金、自负盈亏的准独立智库的道路,时任国务院总理的李鹏也期许"综研院""以改革精神办成一个不同于一般事业单位的研究机构"。但经过两年探索后，"综研院"调整为业务上归国务院研究室领导、党政关系归深圳市政府（市政府提供54人事业单位编制）的准事业单位。"综研院"代表的是政府保底的智库社会化、市场化探索模式。

"综研院"的业务方向是，根据国家经济、社会发展和改革开放的需要，致力于为中国各级政府和国内外企业提供具有前瞻性、创新性和实操性的研究咨询服务。主要研究领域有：国家宏观战略、区域经济、城市化、产业发展和政策，以及企业战略与投资决策。目前全院在职人员过百人，专业人员占据70%以上。建院以来，"综研院"在中国对外开放、沿海沿边开放、深港合作、宏观经济、亚洲金融危机、金融中心指数等领域，做了大量前瞻性的研究工作，并搭建了"全球脑库论坛""东亚经济合作论坛""深港合作论坛"等学术平台，与许多著名的国际智库进行交流合作。2015年12月，"综研院"作为社会智库代表入选首批25家国家高端智库。"综研院"拥有博士后工作流动站。

网址：http://www.cdi.com.cn/。

17. 中国战略与管理研究会（1989）

中国战略与管理研究会（CISM）是1989年6月经民政部批准成立的国家一级学术团体，该会宗旨是为国家和民族的根本利益和长远发展提供战略性决策咨询和政策建议——因此有别于一般以培育学术共同体、促进学术发展的专门领域学会。首任会长为国务院原副总理谷牧。

该研究会的主要业务活动包括：（1）进行经济、科技、文化教育、安全与发展战略理论和各种管理理论与现实问题的研究；（2）积极开展民间外交活动；（3）扶持民族战略产业，特别是金融、信息、文化及高新技术产业的发展；（4）开展学术讨论、决策分析等研究活动；（5）开展国际学术交流，与国外有关机构发展战略合作关系;(6)编辑出版有关学术专刊(《战略与管理》)和内部资料,开展国内外战略与管理理论研究的宣传普及工作。

该研究会体制上的特殊性在于它一方面是民政部注册的民办学术团体,一方面又保留了事业单位色彩。研究会下设的"舆情战略研究中心"就是经中央国家机构审批成立的独立国家事业单位,其宗旨是开展舆情战略信息征集、监测、分析与研究,促进相关学术交流与合作,进行相关信息与咨询服务等。此外,它又创立了北京炎黄医药有限公司、中国战略与管理(香港)出版有限公司等下属机构。各种性质机构的混搭组合代表了中国战略与管理研究会多元化经营的尝试,体现了它并非单纯的学会而更接近于智库机构的特点。

网址:http://www.cssm.org.cn/。

18. 中国(海南)改革发展研究院(1991)、海南改革发展研究基金会(1992)

中国(海南)改革发展研究院(简称"中改院")成立于1991年11月1日,是以改革发展政策研究为主要业务的研究机构。它最初依托海南省政府政策研究室并借助国务院发展研究中心、国家发改委等中央智囊机构的力量建立,并被设为正厅级事业单位,但它积极探索社会化改革,1991年建院之初就向海南省政府提出实行财政差额管理(部分人员享受事业单位编制),1992年建院不到一年后,又主动向省政府提出事业单位企业化管理请求,1993年向原国家体改委、海南省政府提出由事业机构彻底转变为非营利性企业法人。其主要创办者迟福林,原为海南省省委研究室、省体改办的主要负责人。

"中改院"办院宗旨是"立足海南,面向全国,走向世界",致力于服务中国经济社会改革的政策决策,坚持"小机构、大网络"的运作机制与"网络型、国际化、独立性"的机构特色。"中改院"下设研究部门包括经济研究所、公共政策研究所、国际经济研究所、海南发展研究所、海洋经济研究所,并在北京设有分院。"中改院"成立以来,向中央有关部门提交改革政策、立法建议报告 200 余份;撰写改革调研报告 500 份;先后承担 100 多项改革政策咨询课题;出版改革研究专著 290 余部,发表论文 2000 余篇。所提交政策建议,有些直接为中央决策所采纳,有些被用作制定政策和法规的重要参考。此外,"中改院"还拥有博士学位授予权和博士后流动工作站。

海南改革发展研究基金会属于地方性公募基金,是由中国(海南)改革发展研究院倡导发起,在有关企业自愿捐赠的基础上于 1992 年 9 月 3 日依法登记的非营利公益性基金会,登记管理机关是海南省民政厅。海南改革发展研究基金会的业务主管单位是中国(海南)改革发展研究院。20 多年来,海南改革发展研究基金会经过长期不懈的努力和发展,已开始逐步形成自己的特色和比较优势。

网址:http://www.cird.org.cn/。

19. 零点调查(1992)、零点咨询研究集团(2004)

零点调查由袁岳于 1992 年开始筹建,1993 年初正式注册成立,是当代中国最早的以市场调查和民意调查为主营业务的调查咨询机构,其业务范围为市场调查、民意测验、政策性调查和内部管理调查。零点在成立之初就承接有世界银行、国家统计局、中华全国工商联联合会等机构和部门委托项目。零点通过和包括政府行业主管部门及其所属研究院所建立长期的资源协作关系,为实地研究、策略咨询和投资判断提供行业信息支持。2004 年,零点建立起集团管理构架,成立"零点研究咨询集团"(业界习惯仍简称其为"零点")。零点主要服务领域包括:(1)数据服务,对数据源链接、多元行业/渠道数据进行整合,为政府和企业提供决策支持信息;(2)商业服务,主要包括市场行动策略、品牌定位及评估、服务品质提升及管理体系搭建等；（3）公共事务服务，深耕政务发展、城市发展、社会发展、公众态度等公共事务领域的独立研究。

作为一家市场化的调查咨询公司，"零点"不符合智库机构非营利性的典型特征，但它长期接受政府订单使其实质上具有英美国家契约型智库（典型如兰德公司）的性质。在其官网上，零点也提出"多年来致力于协助中国政府的科学决策，成为中国有影响力的民间智库"。2003年，零点成立公共事务部门，专门承接公共部门委托项目，服务对象覆盖中央部委到基层政府的各级政府部门及社团组织。历年来，零点承接的公共部门委托项目包括：针对国内私营企业的大规模研究、全国新的社会阶层人士规模测算及特征性研究、对外传播研究、国家形象研究、"一带一路"国别系统性研究、国际舆情监测、"80后""90后""00后"及少数群体等群体性研究等。

网址：http://www.horizon-china.com/。

20. 中国环境与发展国际合作委员会（1992）

中国环境与发展国际合作委员会（简称国合会）成立于1992年，是经中国政府批准的非营利、国际性高层政策咨询机构。伴随中国经济和社会的快速发展，国合会见证并参与了中国发展理念和发展方式的历史性变迁，在中国可持续发展进程中发挥了独特而重要的作用。

国合会成立以来，秉持直通车、国际性、综合性三大特点，在中国和世界环境与发展领域独树一帜。（1）直通车：历任国合会主席均由中国国家领导人担任，国家领导人每年出席国合会重大活动，当面听取政策建议；同时国合会政策建议以书面形式提交中国国务院和有关政府部门供决策参考。这种独特的"直通车"机制，确保了国合会政策建议直达中国政府高层领导和各级决策者。（2）国际性：国合会委员和参与政策研究工作的专家学者来自中外政府部门、国际组织、工商企业、研究机构以及社会组织,针对中国和世界环境与发展问题共同研究探讨,并在合作中互通有无,互学互鉴。中外思想的碰撞与交融,不仅给中国带来可持续发展的先进理念和经验,也使中国绿色发展实践成果惠及世界。(3)综合性:国合会在关注领域和研究形式上均体现了综合性、跨领域特点,立足推动环境与经济、社会的协调发展,引进、借鉴国际先进理念、政策、技术和最佳实践,形成多视角、多层面对话交流机制,提出宏观性和综合性政策建议。

国合会以促进中国实施可持续发展战略、建设资源节约型和环境友好型社会为目标,研究提出前瞻性、战略性、预警性政策建议,对中国环境与发展进程产生深刻影响。国合会政策建议得到中国政府高度重视,持续融入中国改革进程,如2008年国家环保总局升格为环境保护部,成为国务院组成部门,极大提升中国政府环境治理能力;2014年亚太经合组织(APEC)领导人非正式会议批准成立APEC绿色供应链合作网络;2015年绿色金融纳入2016年G20峰会核心议题,中国出台《关于构建绿色金融体系的指导意见》等均有国合会研究成果与政策建议的贡献。

网址:http://www.cciced.net/。

21. 中国政策科学研究会(1993)

中国政策科学研究会(China Association of Policy Science,CAPS),是由中共中央政策研究室、国务院研究室、中国社会科学院等单位共同发起成立,是经民政部批准注册从事政策理论研究和政策调研活动的首家全国性学术团体,属非营利性社会组织,业务主管单位为中国社会科学院,注册成立时间为1993年10月(研究会网站介绍成立时间为1994年5月),当时法人代表为谢和军(时任中央政策研究室正科级干部),首任会长为国务院研究室主任袁木。

研究会由从事政策科学研究的单位和个人自愿结成，会员主要来自科研单位、高等院校和党政部门内从事政策研究的人员。中国政策科学研究会的任务是：为国家科学决策提供具有前瞻性、预见性、战略性、综合性的对策建议；为各级政府及部门提供科学决策依据和合理化政策建议；为企业经营决策提供信息咨询服务和高端咨询服务。主要业务范围是：组织开展调研活动和政策理论研究工作；围绕党中央、国务院的战略部署开展重大课题研究；收集、整理和研究国内外政策研究信息，开展政策研究的国际交流；搭建开放式政策研究平台，推进国内外政策研究相关合作；为各级决策部门和企业提供人员培训和人才交流，提高政策研究人员业务水平；编辑、出版政策理论和政策调研刊物、著作；举办专题政策研究研讨会、报告会等活动。

网址：http：//www.zgzcyj.com/。

22. 世界与中国研究所（1993）

世界与中国研究所于1993年9月经民政部门批准成立，挂靠单位是1992年经民政部批准成立的"中国徐福会"（主管单位为文化部），创办人为李凡。该所成立的目标是"为了加强世界与中国之间的互相了解和互相交流"，后逐渐定位为致力于公共政策研究的非营利非政府智库。世界与中国研究所成立后，通过为一些境外公司提供咨询获得初期运转资金。20世纪90年代中期以后，该所将主要精力投入中国的政治和民主发展问题研究，研究领域包括市民社会、基层民主、农村乡镇和城市社区直选等。其已经出版的研究成果包括《中国基层民主发展报告》（2000—2010年连续出版）《温岭试验与中国地方政府公共预算改革》《中国民主的前沿探索》等著作。

23. 长城企业战略研究所（1993）

1993年8月，长城企业战略研究所（简称长城所）在北京成立，创始人王德禄。1993年12月，中国科协书记处书记王治国来所考察，并提出"知识分子下海从事咨询业，很有前途，希望长城所走出一条发展咨询业的新路来"。长城所主要面向企业和高新区提供发展战略咨询服务。其业务范围为：关于企业战略和企业管理、科技创新管理与科技创新政策、区域发展战略、高新技术产业、知识管理等相关理论研究、决策研究和咨询服务。2004年，该所重新注册了民办非企业资质。

网址：http://www.gei.com.cn/。

24. 安邦咨询（1993）

安邦咨询成立于1993年，全名为"北京安邦咨询公司"（简称安邦），其创始人为陈功。安邦号称国内成立最早的基于信息分析理论的研究机构，开创了情报学应用于经济和公共政策领域商业服务的先河。按照陈功的说法，安邦是一家专注于信息研究领域的独立的民间战略型智库而非一般意义上的咨询公司，始终致力于"为社会提供中立、客观的研究分析成果及观点"，"是国内少数对政府决策有影响力的民间智库之一"。安邦由两大部分构建而成，一个是市场服务网络，一个是研究资源体系，它坚持商业化运作和"以商养研"模式，其商业化的成功也保障了其研究团队建设和研究质量的稳定。安邦现有员工500多人，在北京、上海、杭州、深圳等8个城市拥有分公司。

安邦的研究业务覆盖了四大领域：宏观经济研究、产业经济研究、公共政策研究、城市问题研究。安邦的研究特点是以信息分析为基础，进行持续的跟踪研究。安邦的研究中有一个价值取向，就是坚持战略层面的观点必须注重前瞻性，也必须具有中长期的价值，"不但关心政府和企业今天在做什么，我们更为关心并深加研究的是政府和企业明天应该做什么"。

25. 上海发展研究基金会（1993）、卓越发展研究院（2013）

上海发展研究基金会成立于1993年，是以从事公益事业为目的的公募基金会、非营利性法人。基金会以促进对发展问题的研究、推进决策咨询事业为宗旨；以募集、运作资金，研究、交流、资助、奖励经济、社会、城市发展决策咨询项目为业务范围。现会长为原上海市副市长、原市人大常委会副主任胡延照，乔依德任副会长兼秘书长。

20多年来，基金会大力支持上海市决策咨询研究工作，资助了许多研究项目，并资助开展了上海市决策咨询研究成果奖评奖工作。同时，基金会也组织研究团队，完成了自行设立的或从其他单位承接的一系列研究项目。基金会通过资助的方式，与大学和研究机构合作举办了各种形式的研讨活动，并把各种研讨活动中的精彩内容不定期地编撰出版为内部资料《研讨实录》和《研究简报》，在更大的范围内推广对发展问题的研究和讨论成果。

2013年11月，上海发展研究基金会接受了国购集团较大数额的捐赠，在基金会下设立卓越·国购发展研究专项基金，该项基金用于成立卓越发展研究院，开展对中国经济、国际经济和金融的研究。卓越发展研究院的院长为乔依德先生，管理委员会主任为陆豪先生。卓越发展研究院已设两个研究中心：中国经济研究中心，主任为复旦大学经济思想与经济史研究所所长韦森；国际经济研究中心，主任为上海社会科学院研究员徐明棋。

网址：http://www.sdrf.org.cn/。

26. 自然之友（1994）、北京市朝阳区自然之友环境研究所（2010）

"自然之友"是中国最早成立的民间环保组织之一。其主要发起人梁从诫是梁启超之孙、梁思成之子。曾任《百科知识》编辑（李盛平当时也是该杂志编辑）、《知识分子》杂志主编。1988年辞去公职入民办中国文化书院任教，1993年开始筹办"自然之友"，1994年在中国文化书院下设立"绿色文化分院"，即"自然之友"，定位于一个群众性、会员制的民间环境保护组织。自然之友环境研究所于2010年在北京市朝阳区注册为民办非企业，业务主管单位为朝阳区科学技术委员会，主要创办人为杨东平、张赫赫、李波。该研究所成为自然之友在京的三个工作实体之一。另有一个实体为北京自然之友公益基金会（2013年注册成立），是2013年国务院颁布四类组织机构登记新政以来，北京市第一批无主管单位登记的地方性非公募基金会。

20多年来，自然之友在全国累计发展超过2万人的会员群体，通过环境教育、家庭节能、生态社区、法律维权以及政策倡导等方式，重建人与自然的连接，守护珍贵的生态环境，推动越来越多绿色公民的出现与成长。

网址：http://www.fon.org.cn/。

27. 北京金思达经济策划中心（1994）、北京视野信息咨询中心（1996）

1993年钟朋荣下海之前，他曾在中央办公厅调研室从事过6年调研工作，参与过中央一系列重要政策的制定和文稿的起草，1994年初，他创办了北京金思达经济策划中心，后更名为北京视野信息咨询中心（注册时间为1996年），均为工商注册的咨询企业。钟朋荣亲自担任该中心的主任，并聘请芮杏文、崔乃夫、马洪、高尚全、刘国光、厉以宁、吴敬琏、乌杰、张卓元等领导和专家任中心顾问。中心主要业务是为企业制订总体战略、产业发展、市场营销、资本营运等方面的咨询，曾为大庆、三九集团、海南机场股份公司、浙江义乌小商品城集团公司等全国100余家大中型企业制定战略与体改方案，并为郑州、襄樊、台州、荆州、运城、吐鲁番等市县制定发展战略方案。中心曾在湖北、湖南、广东等地开办分支机构。与此同时，钟朋荣也继续以经济学家身份从事宏观经济政策研究和著述，曾出版《解开中国改革的联立方程》《跨世纪难题》《三角债》《中国金融新现象剖析》《民富论》《国策论》等著作。

28. 浦东华夏社会发展研究院（1994）、上海华夏社会发展研究院（2002）

上海华夏社会发展研究院成立于1994年12月，前身是浦东华夏社会发展研究院，由浦东新区社会发展局和华东理工大学鲍宗豪教授等专家学者联合发起，是以民办非企业注册的民间社会科学研究实体，挂靠单位为上海市社科联。2002年5月，改制为上海华夏社会发展研究院，实行董事会领导下的院长负责制。

研究院主要对社会现实问题作综合性研究，尤其致力于研究转型时期的社会管理、社会控制与社会文化方面的理论与现实问题。重点研究领域包括：全球化网络化与社会文化问题、当代中国区域社会发展问题、社区建设问题和农村社会与乡镇企业问题。华夏院下设四个研究中心：社会现代化研究中心、都市文化研究中心、城市文明与评估研究中心、可持续城镇化研究中心。同时，还在北京、海口建立了研究基地，服务于北京市和海南省研究咨询。

研究院采取"小机构，大网络"的组织方式，日常运作机构小型精干，研究网络庞大。研究院聘请著名社会学家邓伟志任院学术委员会主任；聘请北大、人大、中国社会科学院、上海社会科学院、复旦、交大、华东理工大学等高校、研究机构的 30 余名中青年学者担任研究院学术委员、特约研究员。

网址：http：//www.huaxia.org.cn/index.htm。

29. 北京华夏经济社会发展研究中心（1995）

北京华夏经济社会发展研究中心是 1995 年在北京市海淀区编制办注册成立的民办事业单位，创办人为饶锦兴。该中心倡导治理创新与法治理念，长期致力于经济社会全面协调可持续发展的战略、政策、管理与法律问题研究和决策咨询，开展相关学术交流、评价评估、在职培训等专业服务，编辑出版研究成果，参与社会公益事业，并努力打造成为全国一流的民间"思想库"。饶锦兴长期关注慈善事业和社会创新在中国的发展，2015 年又在各界支持下创办了深圳社会组织研究院（简介见后）。

30. 香港政策研究所（1995）

香港政策研究所是在 1995 年 5 月成立的非营利独立智库，注册形式为企业（香港政策研究所有限公司），目标为通过公共政策研究为促进一国两制、港人治港的成功落实作出贡献。1998 年 5 月，香港政策研究基金有限公司成立，作为香港政策研究所的筹资机构。研究所宗旨是通过高质量的研究，集合香港、内地和国际的经验和智慧，提出有效的公共政策建议，并且与相关团体合作，增强对社会的影响，支持特区政府改善施政，以期促进一国两制、港人高度自治的持续成功。"香港愿景计划"是由香港政策研究所副主席及前立法会主席曾钰成先生倡议，并由香港政策研究所在 2016 年初展开的一连串研究计划，以应对香港目前和将会面对的挑战。

网址：http：//www.hkpri.org.hk/。

31. 国民经济研究所（1996）

国民经济研究所在 1996 年由著名经济学家樊纲创办于北

京，挂靠单位是中国经济体制改革研究会（1983年成立，1990年正式注册为国家一级学会），主要从事宏观经济问题及体制改革问题的研究。2002年，该所正式以"北京市国民经济研究所"的名义向民政部门注册了民办非企业资质。

该所宗旨是"本着独立、客观的学术精神，专注于研究中国经济发展和经济改革的重大问题，以及中国与世界经济共同面临的复杂挑战。在此基础上，积极为政策制定提供前瞻性建议，为企业界和大众提供及时独到的分析。在知识和政策、知识和实践之间起到桥梁作用，成为以'独立、深入、引领'为立所理念的一流民间智库"。

该所自成立以来，"为中央政府提供前瞻性的政策和改革建议，为企业精英提供及时独到的咨询分析，并不懈地通过媒体向大众传播最新研究成果和经济思想，引领改革呼声"，"在中国非政府学术机构的发展环境还十分有限的情况下，国经所坚持的独立、前瞻、积极谏言、影响社会的办所理念，为中国的民间智库发展开创了实践的先河"。

网址：http://www.neri.org.cn/。

32. 福卡经济预测研究所（1996）、福卡智库

上海福卡经济预测研究所有限公司于1996年7月9日在黄浦区市场监督管理局登记成立，法定代表人王德培——此前的1995年，他还注册成立了另一家咨询机构"上海福卡商务咨询有限公司"。福卡的创办资金由学术机构、国有财团、民企联合提供，是按现代企业制度独立运作的股份制研究机构，联合政府等相关职能部门开展"预测、战略、方案"的研究咨询工作。"福卡"取自英文"FORECAST"，意为"预测，预言"。

福卡致力于为商界、政界提供科学理性、富于前瞻性和可操作性的智力服务，以福卡独特的"穿透、合成、创新"的"智慧型文化"，破解复杂、研制方案。多年来，福卡承接了专项研究与咨询项目近千项，完成了从亚行、跨企到国内各企业集团、各级政府的相关咨询课题。此外，福卡建立起"能上能下、流留结合""长期共事、版本升级"的福卡人事机制，集聚了哲学、经济、管理等相关领域的核心人员百名左右。随着业务发展，福卡智库已衍生出金融、商务、行业等相关咨询团队，十几个专业研究部室。在上海社会科学院智库研究中心的《2018中国智库报告》中，福卡智库被归入企业智库系统。

网址：http://www.forecast.org.cn/。

33. 王志纲工作室（1994）、智纲智库（2014）

王志纲工作室由王志纲成立于1994年，注册形式不详。可查到的正式注册机构是由王志纲担任法人的广州志纲策划有限公司（1997）。王志纲大学毕业后曾在甘肃社会科学院从事三年研究工作，并在新华社当了十年记者，后下海举办民营策划咨询机构即王志纲工作室并任首席策划。作为民间研究机构，工作室既不依附于"官"也不依附于"商"，推崇独立的"第三种生存"。

工作室早期主要从事地产开发策划，从1994年策划碧桂园开始率先在地产领域引入策划理念。其后逐渐延伸到文旅项目（昆明世博会及多个国家级旅游区）策划。从2002年开始，以大成都战略策划为发端，智纲智库将业务重心从常规地产策划转向城市战略策划，为上海、北京、天津等多个地方政府及城市投资平台服务，提供城市战略、新城开发、旧城改造、古镇复兴、产业园区、城市营销等咨询服务。随着中国全方位开放，工作室从2004年起介入沿边开放战略，并于该年更名为智纲智库。

2009年智纲智库正式提出要"打造中国最好的战略思想库"。2012年，智纲商学院成立；2013年，智纲智库战略研究院成立；2014年成立智纲资本，致力构建战略咨询、投资管理和国际并购三大服务链条，意味着智纲智库决定从战略策划向战略孵化升级，致力于"构建一流的战略孵化平台"。

网址：http://www.wzg.net.cn/。

34. 中国发展简报（1996）

中国发展简报创办于 1996 年，是一个为公益慈善行业提供专业的观察、研究、网络平台支持与服务的中英文双语平台，主要投资人为张东。2003 年注册为北京公旻汇咨询中心，2017 年 3 月注册为北京益行公益信息交流服务中心。该机构以"秉承独立和专业原则，通过公益信息交流和资源对接、推动公益行业可持续发展"为使命。

发展简报的主要平台包括中文网站（NGO 信息中心），它始创于 2003 年，已成为公益领域中读者数量、点击率居前的网络平台。英文网站平台（www.chinadevelopmentbrief.cn）致力成为国际社会了解民间视角下的中国社会发展和公益慈善的权威渠道。《中国发展简报》季刊（印刷版）正式创刊于 2001 年，以深度报道、独立表达和中外沟通，促进行动反思与思想交流，是引领公益领域前瞻性发展的独立出版物。

发展简报提供基于深度观察和系统数据的研究，侧重问题意识和行动导向，主要研究成果包括：《中国公益组织名录》（2013 年，中英文）、《中国公共倡导的多元化发展》（2013 年，中英文）、《回望：中国公民社会 10 年纪录》（2013 年，中文）、《非政府组织在中国倡导的现状》（2006 年，中英文）、《200 家国际 NGO 在中国》（2005 年，英文）等。该机构面向咨询的研究领域涉及社会性别、民间倡导、公益慈善、民间参与国际发展、环境气候等，咨询对象包括政策制定者、基金会和社会组织实务工作者、企业相关部门、研究人员等。

网址：http://www.chinadevelopmentbrief.org.cn/。

35. 中国发展研究基金会（1997）、北京博智经济社会发展研究所（2015）

中国发展研究基金会（China Development Research Foundation）是全国性的公募基金会，于1997年11月正式注册成立。基金会的登记管理机关是民政部，业务主管单位是国务院发展研究中心。基金会理事长一般由国务院发展研究中心的领导兼任。基金会的宗旨是支持政策研究、促进科学决策、服务中国发展。基金会的资金主要来源于国内外企业、机构、个人的捐赠和赞助。资金的主要用途是国际交流活动、人员培训和政策试验研究，奖励在政策咨询和相关学术研究领域作出突出贡献的人员，资助符合基金会宗旨的其他社会公益活动。

自1997年成立以来，基金会已成为集交流、培训、研究和社会试验于一体的高端智库型基金会。基金会承办年度"中国发展高层论坛"，组织"提升企业国际竞争力"等培训班，撰写"中国发展报告"，开展"贫困地区儿童早期发展"社会试验，都取得丰硕成果，成为连接民间与政府、国内与国外的一个重要桥梁。

其中，"中国发展高峰论坛"是中国较早创立的国家级大型国际论坛，旨在"与世界对话，谋共同发展"，是中国政府高层领导，全球商界领袖、国际组织和中外学者之间重要的对话平台，自2000年创办以来，为推动中外发展政策交流与合作作出了积极贡献。

2015年，基金会发起建立了北京博智经济社会发展研究所，是在北京市民政局登记注册的民办非企业，所长为基金会秘书长卢迈。成立北京博智经济社会发展研究所，是为了更好地集合社会资源，招揽高水平的研究人员，服务于北京市的社会治理和经济发展。

网址：http://www.cdrf.org.cn/。

36. 中国经济 50 人论坛（1998）

"中国经济 50 人论坛"是由中国著名经济学家于 1998 年 6 月在北京共同发起组成的非官方、公益性学术组织。论坛聚集了中国具有一流学术水准，享有较高社会声誉并致力于中国经济研究的近 50 位著名经济学家，被国内外公认为中国高层经济决策的智库平台。

论坛宗旨是为中国经济发展与改革等重大问题献策献力。论坛定位于集国内外重大经济政策方面的研究，而不是单纯的学术讨论。目的是把各个领域有着深入理论研究的专家对中国经济发展、改革中的问题及政策建议的研究成果集合起来，希望用他们的思想精华对中国经济改革及各行业乃至地区经济的发展起到推动作用。论坛以公益性、纯学术性为原则，组织年会、经济政策讲座、内部研讨会、高层经济理论研讨会、对外交流等学术研究活动。

"长安讲坛"是中国经济 50 人论坛在北京长年开设的经济政策讲坛。从 2001 年 4 月第 期开讲以来，每两周举办一期。中国经济 50 人论坛年会，是论坛中每年 届举行的重要会议，参加年会的除论坛全体成员外，政府高层部门、经济研究机构、大型企业和主流媒体也应邀出席年会。论坛历届年会都受到社会各界的高度关注，在国内外产生了重大影响，对推动中国经济发展和理论研究作出了积极的贡献。

中央领导和有关部门多次委托 50 人论坛进行专题研究，听取论坛专家的意见与建议，并做出重要批示。论坛也多次与各省市共同主办区域经济发展研讨会，为推动地方经济发展作出贡献。在国际合作方面，论坛与多国专家学者进行了广泛的学术交流。近年来，已成功多次举办了"中美经济学家颐和园对话会"，与瑞典环境科学院合作发布《低碳经济发展·中国与世界》的研究报告。

网址：http://www.50forum.org.cn/。

37. 普世社会科学研究所（1999）

由中国社会科学院美国研究所研究员刘澎于1999年创办的民间社会科学研究机构，致力于以学术的方式、科学求实的态度、独立客观的立场，积极开展宗教与法治领域的项目研究，推动中国的宗教立法进程，完善国家法治建设，促进社会和谐发展。该研究所的主要活动包括组织宗教与法治主题的学术研讨会和培训班。2004年，刘澎又创办中国学术网站"普世社会科学研究网"。

网址：http://www.pacilution.com/。

38. 北京国际城市发展研究院（2001）

北京国际城市发展研究院（International Institute for Urban Development, Beijing）是2001年在北京市民政局注册的民办非企业，创办人连玉明是著名城市研究专家、全国政协委员，北京市朝阳区政协副主席。

研究院以城市价值链理论为指导，以发现城市价值为目标，围绕城市发展全过程，开展城市决策与预测研究，建立全球化学习网络，实施城市战略设计和行动计划，并以此为基础，构建对21世纪中国城市发展产生积极影响和推动作用的决策咨询体系。其主要任务是，为政府或城市决策者提供具有市场前景的战略行动计划和具有市场导向的城市竞争力解决方案；为跨国公司投资中国城市提供经营环境评价和行动指南，推进中国城市国际商务计划和全球化进程；为中国城市与国际组织交流和合作创造条件和便利。

作为中国城市竞争力和世界城市竞争力研究与评价的专业机构，研究院建立了"中国领导决策信息系统""中国政务景气监测系统""中国城市竞争力评价系统"和"中国城市生活质量分析系统",还发起成立了"中国城市论坛"和"MCA国际城市管理实验室"。

网址：http://www.ccgov.net.cn/。

39. 深圳市当代社会观察研究所（2001）

深圳当代社会观察研究所（ICO）成立于2001年3月，是由一批致力于推动社会发展和劳工权益保护的专家学者创立的从事劳工问题研究与公民权益促进的民间机构。其主要创立者刘开明曾任大学教师和记者。

深圳当代社会观察研究所以研究中国社会转型过程中出现的重大现实问题为目标，关注在经济全球化过程中的劳工生存与发展状况。工作重点是劳工权益保护与劳资关系研究，特别关注跨国公司及其供应链在劳工权益、社区发展与环境方面存在的问题及探寻改善的途径。积极研究中国社会和企业面临的许多迫切需要解决的疑难问题，诸如工伤索赔、超时加班、生活工资、就业与社会保障、法律与劳工权益、公司社会责任、职业健康与安全等。该机构在劳工权益、企业社会责任、全球价值链社会风险管理和工人教育等领域享有一定国际声誉。

网址：http://www.ico-china.org/。

40. 北京大军经济观察研究中心（2001）

北京大军经济观察研究中心是2001年在北京市西城区工商局以企业形式注册的股份制民营研究机构，创办人为仲大军。该中心也以咨询顾问公司身份为客户提供咨询服务，承揽社会课题，从事个案调查研究。根据工商部门公司规范化的要求，2007年中心重新注册更名为北京大军智库经济咨询有限公司。

中心以创办人名字命名，主要也靠仲大军个人维持整个机构运转，称之为"一人智库"也不为过。仲大军频繁通过互联网发表其研究成果、积极组织和参与学术研讨会而累积了较大的社会影响。其研究侧重于制度、人文对经济和社会的影响，对国内外政治经济形势、市场变化以及一些重大的社会问题做出分析预测和判断，为政府、企业和公民提供决策依据和信息，希望以民间学者（机构）身份为中央政府的大政方针做决策参考。北京大军经济观察研究中心网（大军观察网）现已关停。

41. "因特虎"深圳智库（2001）

"因特虎"是2001年在深圳出现的一个互联网参政议政平台，核心是被称为"因特虎三剑客"的呙中校、金心异、老亨等3人，网站注册会员最多时达到6000人。他们可以说是在BBS和博客时代崛起的中国第一代"网红"，而且他们把关注力指向了地方公共事务，批评地方公共政策并提出自己的合理化建议。他们发言的活跃与当时媒体的市场化改革相结合，利用线上线下的互动而创造了一个地方政治公共空间，是深圳当时创新发展的表现之一。

"因特虎"论坛至今仍然能够访问，只是2014年以后不再活跃。该论坛的标语是"深圳的因特虎，中国的民间智库"。

网址：http://www.interhoo.com/。

42. 北京九鼎公共事务研究所（2002）

九鼎公共事务研究所于2002年在北京成立，由刘军宁、毛寿龙、冯兴元、姚中秋等学者创立，是一家独立的、非营利的和非政府的研究机构，注册形式不详。研究所的宗旨是促进和维护经济自由，组织与开展对以市场经济、宪政民主为特征的多中心秩序的理论与实践的研究，以及对国内外政府体制理论和公共政策理论与实践的研究；推动与市场经济一致的公民教育与政治转型；开展中立的经济政策与经济事务、公共政策与公共事务评论，向政府和社会提供相应的政策咨询。该研究所曾一度进入麦克甘《全球智库报告》（2013）中国地区最具影响力智库行列，目前该智库已基本停止活动。

43. 21世纪教育发展研究院（2002）

21世纪教育研究院成立于2002年，是一家以教育公共政策研究、教育创新研究为主的民办非营利性组织，致力于通过独立的专业化研究和广泛的公众参与，推动中国教育的改革与发展，追求好的教育、理想的教育。创办人为北京理工大学教育研究所杨东平教授。其网站上提出该研究院使命是"以独立视角研究教育问题，以社会力量推动教育变革"，愿景是"成就最具公信力的民间教育智库"。

研究院成立以来开展了多项教育研究项目和活动：自2003年起逐年出版《中国教育蓝皮书》，以民间视角纪录、探讨中国教育的改革和发展；2008年举办首届"地方教育制度创新奖"，开创了第三方评价政府教育绩效的先河，以其独立、公正的评价推动了地方教育的创新；多年来，研究院推出多项专题研究成果、政策建议、人大政协"两会"提案，策划开展有关取缔奥数、高考改革、改变"择校热"等教育问题的公众讨论，2009年在举国讨论《国家中长期教育改革和发展规划纲要》之际，更推出了民间版中国教育改革方案，在推动中国教育的创新和改革上发挥了积极的作用，得到了国务院、教育部等主管部门和社会舆论的高度认可。

网址：http://www.21cedu.org/。

44. 上海法律与经济研究所（2002）、洪范法律与经济研究所（2004）

上海法律与经济研究所是由中国著名学者吴敬琏教授和江平教授发起成立的民间社会科学研究机构，2002年在上海注册的民办非企业单位，业务主管单位为上海市社会科学界联合会，法人为吴敬琏。2004年该研究所因故无法在上海继续开办，于是原创办人在北京成立北京洪范东方咨询服务中心（工商注册、法人江平），并在该企业下设洪范法律与经济研究所。研究所的决策机构为学术委员会，委员会主席由吴敬琏和江平联合担任。中国艺术研究院梁治平教授、中国政法大学法学教授王涌先后担任所长。

洪范研究所秉承通过民间学术研究、推动在中国建立法治的市场经济的宗旨，以非营利性机构为经营理念，全部收入及其收益都将用于研究所的持续发展。研究所通过定向筹集资金，组织研究与学术出版工作。具体包括组织学术讲座、研讨会、讲习班等活动，组织撰写和出版法律与经济领域的专著、译著和普及读物，开展法学与经济学方面的研究，动员和整合各种不同的学术资源，推进法律与经济以及相关领域的跨学科研究。

研究所已开展的工作包括："中国法律发展研究——全国与省际的比较""竞争与监管的政策、实践与问题""实现正义：当代中国习惯法与纠纷解决机制研究""全球贸易、环境与发展与中国加入WTO后的问题"以及小额社会科学调研项目。组织的学术出版物包括《洪范评论》《法律与经济文丛》《洪范法律与经济译丛》《法律与经济普及文库》等。

网址：http://www.hongfan.org.cn/。

45. 上海金融与法律研究院（2002）

上海金融与法律研究院于2002年在上海注册成立，为民办非企业，业务主管单位为上海市社科联，注册法人柳志伟。该所由中国金融改革的先行者刘鸿儒先生携手法治国家的倡导者李步云教授创立，立足以金融和法律为视角关注变化中的中国与世界，倡导法治的市场经济，致力于为转型社会提供有效率的解决方案，以专业分析影响公共决策，推动社会进步。

理事会是上海金融与法律研究院最高决策机构，院长为上海金融与法律研究院行政负责人，院长对理事会负责。监事会是上海金融与法律研究院专职监督机构。三者为围绕"决策、执行、监督"三权分设的制衡机制，共同防范风险，通过制度建设，促进上海金融与法律研究院专业透明的稳健发展。理事长为柳志伟，院长李步云，执行院长傅蔚冈。

研究院承接和自主进行的研究项目包括"城市化与地方政府债务风险""世界城市法治指标：国际参照系研究"等。2007年2月启动"规制研究"，对经济、社会等领域的规制问题进行学术与政策研究。规制研究的宗旨之一，是有效地梳理西方政府规制的历史发展和理论的渊源脉络，进而为中国的规制活动提供镜鉴；规制研究的宗旨之二，是将规制的政治理论、法律理论、行政理论和经济理论有机地结合起来，共同运用到中国的规制经济实践之中去，从而为中国经济发展提供更为广阔的理论视角和知识储备。规制研究的宗旨之三，是要将规制的理论研究与中国的规制实践紧密地结合在一起，以求推进中国的政策实践，并形成研究中国规制政策的事实体系和方法体系。该院出版有《思想库报告》《规制》《陆家嘴评论》等电子刊物。《思想库报告》是该院出品的一份公益性电子刊物，以国际智库之思想，观照中国改革之现实。

2016年开始，该院发起寻找"思想合伙人"活动。思想合伙人是指认同上海金融与法律研究院（SIFL）的理念与使命，愿意支持SIFL，共同推动社会进步的一群人。2016年5月29日至今，上海金融与法律研究院寻找到了72位"思想合伙人"。

网址：http://www.sifl.org.cn/。

46. 中国发展研究院（2002）

中国发展研究院由第十一届全国政协副主席厉无畏先生，中国人民解放军军事科学院原院长刘精松上将，《经济日报》原总编辑艾丰以及战略策划家章琦共同创办，研究院定位于以政府和企业为服务对象的综合研究咨询机构，于2002年11月在香港注册为中国发展研究院有限公司。中国发展研究院本着"关注中国发展战略、打造中国兰德公司"的建院宗旨，在社会经济发展的区域经济、新型城镇化建设、环保新能源、金融、大健康等各个领域成功打造了众多颇具影响力的活动，形成了诸多影响党中央、国务院和地方政府经济发展的重要报告。

2018年4月中国发展网与原中国发展研究院整合为新的中国发展研究院，特邀著名经济学家、国家创新与发展战略研究会副理事长王彤担任院长，市场与品牌专家牟善荣担任副院长兼秘书长。

网址：http://www.cdri.org.cn/。

47. 东中西部区域发展和改革研究院（2003）

东中西部区域发展和改革研究院（简称"发改院"、CRDRI），创办于2002年9月11日，是在中国国务院提出"西部提速，东北攻坚，东部保持，东西互动，拉动中部，东中西部协调发展"经济发展大思路的背景下成立的，是集研究、咨询、会议和培训于一体的综合性智库研究机构。成立时该院挂靠为中国少数民族文物保护协会（1993年成立，挂靠单位是国家民委）下的一个二级机构。

著名经济学家董辅礽教授（原全国政协经济委员会副主任）和胡乃武教授（原中国人民大学学术委员会副主任）任研究院学术委员会主任；九届、十届全国政协常委，国务院参事任玉岭教授任院长；执行院长为于今教授。

办院宗旨是从学术、政策和战略角度围绕以国家需求和基础研究作为项目研究的"软实力"，突出科学性、战略性、全局性、综合性、系统性、前瞻性、实践性的主题，通过"研究、交流、服务、直谏"，建设成全国有影响力的智库作为奋斗目标，为国家发展和各级政府企业提供科学决策服务。

CRDRI成立至今，承担并主持了中国第十和第十一个"国民经济和社会发展五年规划"的国家重点研究项目，进行了300多个独立或子课题的研究。2003年创办"全国干部教育培训网"（2011年更名为"公学网"）；2004年创办"百仁基金"，主持评审"中国发展百人奖""中国发展百人奖学金"；2007年成立智库产业课题组，重点研究智库产业，提出并构建中国特色智库和智库群以及智库产业业态；2010年，"发改院"首创中国智库研究系列读物《国家智库》《中国智库》（均为季刊），成为展现中国智库研究与发展的重要窗口与平台。2011年首发《中国智库发展报告（2011）》，首次对中国智库的发展轨迹做出全方位研究。

2005年起，该院开展"学术秘书制度"和研究生假期地方挂职活动，实现研究生兼具理论与实践的双重身份与研究能力和地方政府低成本吸纳智力、提高执政能力的双赢局面。注重培养学生实践研究和创新能力，更好地适应国家和社会对高层次应用型人才的迫切需要。

48. 国发智库研究院（2003）

国发智库研究院（National Think-tank of Development and Strategy，NTDS）以企业形式（北京国发智库信息技术研究院）于2013年9月注册成立，注册法人杨瑞。其官方网站称"国发智库研究院是在中央有关部门支持下成立的新型智库平台，是中国太平洋学会海洋经济创新发展分会的依托机构"。研究院定位及发展愿景是：积极参与我国经济社会发展中的重大问题，进行调查研究和决策咨询；收集、整理有关我国经济社会发展信息资料；向党政机关、企事业单位提供政策性建议和咨询意见；开展决策研究、培训及学术交流活动。近年来，国发智库研究院主要承担有关部委委托课题、文件背景材料研究和政策第三方评估。

网址：http://www.guofazhiku.org；www.ntds.org.cn。

49. 上海世界观察研究院（2003）

上海世界观察研究院是在上海市社会组织管理局注册，由上海市社科联作为主管单位的民办社会科学研究机构，法人为刘波。研究院以"维护国家利益、研究国际战略"为宗旨，提供思想平台，动员学术资源，组织专家学者，着眼中国成长，有志成为第一流的有中国特色的国际政治与国际关系思想库。

研究院设有理事会、院董会、学术委员会和院务委员会。理事会为研究院的最高决策机构，由为研究院发展作出重大贡献的人士组成；院董事会为本院筹集资金，司库机构由为研究院提供财力支持的人士组成；学术委员会是研究院学术研究的指导机构，由相关学术领域的专家组成；院务委员会是研究院日常工作的执行机构，由具有丰富管理经验并且有广泛学术联系的专职人员组成。研究院下设职能部门：战略研究中心、地区安全与合作中心、信息中心、出版编辑中心、国际文化交流中心和行政管理中心等。编有学术辑刊《大观》（高全喜主编）。

网址：http://www.aww.ac.cn/。

50. 天大研究院（2005）

天大研究院是天大集团创始人方文权先生于2005年在香港创立的一家公益性战略研究智库。天大研究院依托"立足香港、背靠祖国、面向全球"的独特优势，遵循客观、求实原则，着力于应用性政策课题和宏观战略问题的前瞻性研究。研究领域包括国际和安全战略、经济和金融战略、社会问题和公共政策、资源和环境、港澳台问题等，并出版《天大报告》。研究院希望通过对中国和全球问题的深度思考、探讨和研究，提出新观点、新思想和新举措，为民族复兴、国家发展与世界和平服务。天大研究院还与清华大学联合创立了"清华大学国家战略研究院",携手提升中国国家战略研究水平。

网址：http://www.tiandainstitute.org/。

51. 杭州中资教育研究所（2005）

网上流传颇广的一则"中国十大民间智库"的帖子中，杭州中资教育研究所赫然位列第三。于2005年由浙江大学教师刘绪刚创建，是一个专业从事教育投融资、并购、上市和校企合作研究的民间研究机构。起初该研究所挂靠在浙江大学内，据机构网站介绍，它"是一家集研究中心、会议中心、融资顾问和直接投资业务为一体的教育投融资综合服务机构"。严格意义上看，它服务的是特定行业，其研究成果主要是面向各类教育领域的投融资研究报告，而且营利倾向较为明显，将之归为民间智库甚至列入"十大"显得比较牵强。2010年，香港中资集团有限公司成立，中资教育研究所成为隶属于该公司的机构。2016年，刘绪刚在杭州注册成立杭州中资教育研究所有限公司。

网址：http://www.ceif.cn/。

52. 公众力智库（2006）

2006年，深圳市公众力咨询有限公司成立（以下简称"公众力"），创始人为范军。公众力也以智库为名，其定位是全过程公众参与专业服务机构。成立以来，本着"民意有度、公心可量"的理念，公众力为深圳、广州、上海、粤东、顺德、珠海、昆山等地区的市政府提供参与式公共决策咨询服务，以良好的专业素养和中立客观的态度，赢得了政府、公众、社会组织、专家学者和媒体的认可，公众力得到了快速发展，自己培养和集聚了一批公共政策、公共管理、社会学、法学、城市规划和环境工程等多学科背景的高素质团队。近年来，公众力关注并参与社会治理和社区营造领域，为基层政府、社会组织、公益慈善和居民自治提供切实可行的解决方案，在深圳各区开展行动型治理效能研究、顾问和评估。

53. 乾德智库（2006）

乾德智库是深圳市乾德企业管理咨询有限公司的别名，这是一家 2006 年成立于广东省深圳市的社会研究机构，创办人为王小刚。该机构面向市政府机关单位提供一系列专业且严肃的社会调查与研究服务。乾德的主要任务是通过研究分析，推动政策和决策之改善，研究重点在应对突发事件、维护社会稳定上。具体工作包括：（一）开展社会形势调查与社情民意调查研究，为公共政策的咨询、制定、评估以及社会公众了解社会实情提供实证调查依据；（二）开展民生相关问题调查研究，为多级政府及相关部门提供决策参考；（三）致力于为政府机关、企事业单位提供社情、公众情绪、利益方意愿表达、公共管理隐患和各种政策评估等专业服务，乾德同时也为中小企业经营增值、管理优化、市场营销提供专业性服务、管理咨询项目。

乾德成立后承接过的地方政府部门委托项目主要有：（1）政策评估类：深圳居住证政策价值评估、归国人才政策定位、产业与劳动力双转移对深圳社会的影响；（2）社情评估类：深圳出租车市场经营评估，流动人口管理报告，富士康连跳事件评估，企业招、用工状况，改革开放三十年社会发展效应，市民宗教信仰情况，群体情绪状况，深圳大运会风险评估；（3）政策规划类：深圳大运会舆情评估、深圳后大运社会综合研究、深圳读书月十年规划等。

54. 传知行社会经济研究所（2007）

传知行社会经济研究所（The Transition Institute）由郭玉闪创立，以"北京传知行社会经济咨询有限公司"形式于 2007 年 3 月注册成立。公司内设传知行社会经济研究所，致力于调查研究社会转型过程中有关自由与公正的问题与现象，研究主要涉及税制改革、行业管制改革、公民参与、转型经验研究等。其自我定位的使命是：在自由立场上，倡导保护产权，深化市场，拓展个人、企业与 NGO 的活动空间；在公正立场上，倡导透明开放的宪政秩序，避免对弱势群体的制度性伤害；推动中国朝尊重人权、民主宪政和公民社会的方向转型。该研究所最具影响力的活动是通过研究报告和组织出版物推广"公民税权"的观念。该研究所目前已停止活动。

55. 博源基金会（2007）、深圳市博源经济研究基金会（2011）

博源基金会成立于 2007 年 10 月，是一个在香港正式注册，具有独立法人资格的非营利性公益组织——但注册形式是企业注册（博源基金会有限公司）。其主要发起人为大陆地区的国企高官、政府官员和知名学者。博源基金会以推动学术及政策研究为目标，着眼于研究中国经济、社会及国际关系领域内的中长期问题。博源基金会倡导多学科交流，通过梳理问题、建立框架和寻求共识来促进国内外学界、政府部门及商界志士仁人之间的对话。

博源基金会的活动包括：组织、支援研究课题，召集年度论坛，组织年度专题讲座及出版专著及论文集等。基金会以自己组织参与研究课题为主，同时也向外部研究机构及个人提供经费，资助符合基金会研究方向的课题。曾资助出版"博源文库"，并出版内部刊物《中国经济观察》。

2011 年，深圳市博源经济研究基金会以社会组织形式注册成立，业务主管单位是深圳市社科联，理事长衣锡群，理事会成员包括周舵、曹远征、许善达、王缉思、陈小鲁等。

网址：http://www.boyuan.hk/。

56. 阿里研究院（2007）

阿里研究院 2007 年 4 月成立，是阿里巴巴集团下属机构。

其定位是做 DT 时代的智库平台。研究院依托阿里巴巴商业生态圈，秉承开放、分享、透明的互联网精神，基于前瞻的理念与洞察、强大的数据驱动力、丰富的案例积累，致力于成为新经济、新治理领域的智库与智库平台。主要研究领域包括消费研究、新治理研究、知识产权、大数据与云计算、跨境电商研究。

下设阿里跨境电商研究中心和阿里数据经济研究中心（均成立于 2015 年 6 月）。前者旨在开展跨境电商理论、政策和产业发展研究，并通过智库平台建设，汇集广大专家学者、政府代表、业界人士的智慧和力量，共同促进中国跨境电商蓬勃健康发展，推动建设"面向未来、开放繁荣、普惠共享"的全球电商生态体系。后者协同国内外关注 DT 时代的各界研究力量，研究数据产业发展脉络、数据市场与交易、数据产业的经济贡献、各领域的数据化、数据开放与安全、数据应用与保护、数据政策与法律等问题。

网址：http://www.aliresearch.com/。

57. 中国金融 40 人论坛（2008）

中国金融 40 人论坛（简称 CF40）成立于 2008 年 4 月，是中国最具影响力的非官方、非营利性金融专业智库平台。其发起人和运营者王海明原为《21 世纪经济报道》的记者和评论员。

CF40 成立以来，在非营利框架下开展了一系列组织模式创新，以市场化的方式支持国家决策咨询，并逐步从平台走向"平台+实体"的新型智库模式。CF40 旗下包括四十人和新金融两大实体型智库系列。40 人论坛于 2011 年 7 月在上海成立了上海新金融研究院（民办非注册，法人王海明），于 2016 年在青岛成立了 40 人金融教育发展基金会（基金会注册，法人钟伟）、40 人金融研究院（民办非注册，法人王海明），在天津成立了北方新金融研究院（民办非注册，法人王海明），并与国家开发银行、清华大学、丝路基金、中国开发性金融促进会共同发起了丝路规划研究中心（民政部注册的社会组织，法人潘海良）。上海新金融研究院于2015年10月发起成立了"北京大学数字金融研究中心"，并于2016年发起成立了上海浦山新金融发展基金会（基金会注册，理事长张斌）。至此，CF40智库体系"北、上、青、天"的区域布局正式完成。

CF40每年围绕经济金融领域的前沿、热点问题开展深入的政策研究，每年召开百余场闭门研讨会，并与美国彼得森国际经济研究所（PIIE）等数家国际顶尖智库和IMF等国际组织形成了稳定的交流机制。基于研讨和研究成果，CF40每年出版内部智库建议报告、《新金融评论》期刊以及金融类专著100余册。

网址：http://www.cf40.org.cn/。

58. 中国与全球化智库（2008）

中国与全球化智库（CCG）最初成立于2008年，当时称为"中国与全球化研究中心"，创始人为王辉耀。2009年在香港注册为中国与全球化研究中心有限公司。2013年，王辉耀又创办了"中国国际人才专业委员会"，这是一家由国家人社部、中国人才研究会作为业务主管和指导单位的国际人才研究组织。同年，由王辉耀担任院长的南方人才研究院成立（广州市注册的民办非企业）。2014年，由王辉耀担任院长的北方人才研究院成立（青岛市注册的民办非企业）。其业务合作伙伴陶庆华在北京注册成立了北京市华夏人才研究院（民办非企业）。最终，在2014年，中国国际人才专业委员会、南方人才研究院与中国与全球化研究中心合并组成中国与全球化智库。2016年，北京东宇全球化人才发展基金会成立，王辉耀任理事长，同年，王辉耀任法人的北京东宇全球化智库基金会成立。中国与全球化智库正式成为北京东宇全球化人才发展基金会注册的智库机构品牌。

中国与全球化智库宗旨为"以全球视野为中国建言，以中国智慧为全球献策"，致力于中国的全球化战略、全球治理、人才国际化和企业国际化等领域的研究，其愿景是"打造具有全球影响力的中国国际化智库"。智库运营者王辉耀利用自己的海外求学和从业资源以及国内广泛的社会联系（他是九三学社北京市主委、中央委员，同时任欧美同学会副会长），广邀政界、企业界、智库和学术界等领域具有广泛影响力的海内外知名人士担任顾问、理事和学术指导，组成一个强有力的资源和研究网络。目前该智库拥有逾百名固定员工，并拥有博士后科研工作站资质。

CCG每年出版十余部研究著作，包括与社科文献出版社合作出版发布的《中国企业国际化报告》《中国留学发展报告》《中国海归发展报告》《中国国际移民报告》《海外华人华侨专业人士报告》《中国区域人才竞争力报告》等具有国内外影响力的蓝皮书；CCG还承担国家多个部委的课题和举办多个论坛及智库研讨会。成立以来，CCG向中国政府有关部委提交过百余份建言献策报告，影响和推动政府的相关政策制定。

在全球最具影响力的美国宾夕法尼亚大学《全球智库报告2018》中，CCG再次进入世界百强，是唯一入选的中国社会智库。同时，CCG在国内多个权威智库排行榜也获高度认可。

网址：http://www.ccg.org.cn/。

59. 中国民生研究院（2008）、民生智库（2016）、北京市普惠公益民生研究院（2018）

中国民生研究院是2008年在国内注册成立的民间科研机构，注册形式不详。院长为国务院国资委国有重点特大型企业监事会主席解思忠，学术委员会主任为全国政协常委、著名经济学家厉以宁教授、秘书长为李小宁。2011年中国民生研究院有限公司在香港注册成立。2016年，为贯彻落实中办、国办《关于加强中国特色新型智库建设的意见》，以建设"专业化高端智库"为目标，在中国民生研究院的基础上组建民生智库。中国社会科学院经济政策研究中心主任郭克莎出任理事长，李小宁任执行理事长。2018年，李小宁为法人注册成立北京市普惠公益民生研究院。

民生智库（中国民生研究院）以"研究民生问题，服务改善民生"为宗旨，承担民生领域的课题研究与专业咨询，提供有关专业培训。下设民政民生研究所、经济研究所、公共管理研究所、党史党建研究所、文化建设研究所、法治建设研究所、培训部和院务管理部。

网址：http：//www.cmsa.org.cn/。

60. 知远战略与防务研究所（2008）

知远战略与防务研究所（简称知远所）起源于2001年初所建立的"美国军事网站"（创办人为退役中校李健），2008年开始筹建并于2013年4月在江苏省江阴正式获批为民办非企业。知远所是一家独立的战略和防务研究机构，以"坚持非营利性的立场，塑造核心竞争力，遵循商业化运作规则"的防务智库整体运营模式，立足于防务动态和学术热点的追踪分析，着眼于长远性、战略性问题的深入研究，并为国家有关机构及决策者提供独立、客观的战略与政策建议。

知远所设立有理事会、军事翻译中心、传播事业部、情报数据服务中心、综合办公室等机构，并在北京、上海、杭州建有分部，集聚了一批资深退役军官和具有高端学历的科研人员。目前全职人员共30人，稳定型研究人员20余人，兼职人员百余人。知远所利用自身庞大的数据和信息资源，采取各类科学研究方法，根据核心研究人员的专长组织各研究中心，包括战略研究中心、战争行为研究中心、网络空间战研究中心、反恐与海外安全研究中心等。组织研究人员进行发表论文、出版专著、组织和参加研讨会、学术沙龙、学术讲座等学术交流活动。

网址：http://www.knowfar.org.cn/。

61. 中国国际经济交流中心（2009）

中国国际经济交流中心（China Center For International Economic Exchanges，简称国经中心）是经国务院批准、民政部注册成立的国际性经济研究、交流和咨询服务机构，是集中经济研究领域高端人才并广泛联系各方面经济研究力量的综合性社团组织。它整合了原来国家发改委下属的国际合作中心和对外开放咨询中心两家机构，主管单位为国家发展和改革委员会，首任中心理事长由国务院前副总理曾培炎出任。该机构成立的背景是国际金融危机后，中央政府高层意识到需要进一步提高决策科学化、民主化水平以应对国家宏观决策面临的严峻挑战。

国经中心的业务范围包括：（1）战略问题研究：根据国家发展需要开展涉及国家利益和安全的前瞻性、战略性、全局性问题研究，提供对国家外部环境的评估和战略规划、决策方案及政策设计建议；（2）经济问题研究：国际国内经济、贸易、金融、投资等领域的研究；国家宏观经济政策、产业发展、结构调整、体制改革等领域的研究；对国内外经济变动趋势、重大热点、难点问题的持续研究；（3）经济交流合作：开展与国（境）外政府、企业、研究机构、高等院校、社会团体及国际组织的合作；围绕重大社会经济问题、双边多边合作、国际公共政策、全球治理等进行交流；组织国内外智库举办论坛、研讨会等活动；为国内外研究机构、企业和政府间开展经济合作，信息、成果与经验交流提供渠道与平台；（4）政策咨询服务：为政府编制经济和社会发展规划、研究制定经济政策等提供分析报告和建议；为地方政府制定区域发展规划，为行业组织制定产业发展规划等提供智力支持；为企业战略规划、经营决策、海内外投资与重组、技术创新及市场开拓提供信息、政策、法规等咨询服务。

中心下设办公室、战略研究部、产业规划部、经济研究部、交流部、信息部、《全球化》编辑部、创新发展研究所、博士后科研工作站、国经咨询公司。编辑出版《研究报告》《智库言论》《全球化》等刊物。主办"创新经济论坛""经济每月谈"等学术论坛。

网址：http://www.cciee.org.cn/。

62. 长策智库（2009）、长策经济研究基金会（2011）

长策智库以企业形式注册（"北京长策智库信息咨询有限公司"）于2009年2月，公司定位为非营利机构，法人为雒亚龙，他同时任长策智库秘书长。"长策"意为长远战略、万全之计，既是长治久安之基础，又是人类智慧之集大成。

长策智库致力于促进公共与私人部门的合作以推动社会进步，并在政府、国际组织、学术界和企业界创造合作效应，以整合集体智慧，在资源有限的社会中实现有价值的、共赢的政策产品。长策智库目前建立了四个研究中心：气候变化研究中心、电力研究中心、监管研究中心、环境健康研究中心。长策智库专注于为三个政策领域提供创新方案与改革建议：低碳发展（能源、环境、气候变化）、卫生与健康、社会与经济发展。其重点研究项目包括：气候变化、绿色能源、低碳交通、能源资源、公共健康、环境治理、医疗服务规制、教育改革、食品安全、集体基础设施与制度、公共财政与公民社会。

长策经济研究基金会是2011年成立的非公募基金会（原始基金数额为人民币300万元），登记管理机关是北京市民政局，业务主管单位是北京市社会科学界联合会，理事长为朱幼棣。宗旨是促进经济、社会与环境可持续发展的社会科学研究。主要资助、组织低碳经济等社会科学研究以及经济与环境可持续发展方面的研究。

网址：http://www.changce.org.cn/。

63. 察哈尔学会（2009）

察哈尔学会2009年在河北省张家口市尚义县民政和民族宗教事务局注册为民办非企业，主管单位为河北省张家口市尚义县科学技术局，法人为韩继德，创会主席为韩方明，此前韩方明曾出任海内外多家上市公司、商业银行及财务公司的董事以及TCL集团的执行董事，并任全国政协委员和全国政协外事委员会副主任。

察哈尔学会以"前瞻性、影响力、合作共进"为宗旨，致力于打造一个具有国际影响力的中国独立思想库。察哈尔学会以外交与国际关系、和平学为主要领域，以案例、调查、档案为主要方法，提供前瞻性的创新思想产品，通过人员交流、组织合作、文章发表、研究报告、出版物和公开活动，为官方提供决策支持，为公众提供新理念和新思维。协助决策者增强对国际发展趋势的理解，有效地应对不断变化的国际关系，增强世界各国之间的互相理解，加强在政治、经济和社会问题上的国际对话与合作。其思想产品主要分布在三个层次：以公共外交与国家形象为基础，以外交与国际关系为核心内容，以国家大战略为最终形态。

自创立以来，察哈尔学会快速发展，目前已成为中国外交与国际关系研究领域的核心机构之一，有力地推动了中国公共外交理论与实践的发展及国际关系社会智库的完善。学会在朝鲜半岛事务、宗教外交、人权与涉藏外交等领域拥有重要高层决策影响力，是中国智库外交领域的开创者之一。

网址：http://www.charhar.org.cn/。

64. 北京修远经济与社会研究基金会（2009）

"北京修远经济与社会研究基金会"（简称"修远基金会"）

是北京市民政局批准设立的非公募基金会，业务主管单位为北京市社会科学界联合会，于2009年11月注册成立。修远名称，取自《楚辞·离骚》中的"路漫漫其修远兮，吾将上下而求索"。修远基金会认为，中国社会文化之建设，任重而道远，需要有识之士自觉担当与共同努力。修远愿意在此过程中贡献自己的绵薄之力，竭力推动社会和谐与文化复兴之目标的实现。

修远基金会以"文化重建"为宗旨：（1）探索中国近代以来不断凸显的文化连续性危机，从根本上解决普遍的文化焦虑，建立中国社会的文化自主权、价值系统和话语体系；（2）探索社会结构变迁中产生的新兴社会阶层的新文化诉求及新政治诉求，在社会建设中夯实文化建设的基础。其研究领域包括：①道统重建：确立中国人的文化主体性意识，研究基于中国文化又适应现代世界的新的普遍性价值；②政统重建：创新发展执政党意识形态，再解释国家政治制度及法律形态，建构一个具有历史合理性、现代正当性又具备未来代表性的政制传统；③民间伦理重建：继承中华传统、面向未来公民社会建设，为千千万万普通民众提供安身立命的价值皈依；④社会结构变迁与新兴社会阶层研究：追踪社会力量和社会结构的变迁，探寻社会建设和社会治理的新方向。旗下拥有思想文化类正式刊物《文化纵横》。

网址：http://www.xiuyuan.org/。

65. 南方民间智库（2009）

南方民间智库是中国新闻传媒"南方系"的《南方都市报》与奥一网联合多位民间思想者发起的民间组织，目的是将珠三角、南方民间有识之士聚合在一起，成为南方民间思想的集散地。其正式诞生要追溯到2009年4月3日，中共中央政治局委员、广东省委书记汪洋对话12位民间人士（其中7位由《南方都市报》、奥一网推荐），征求对广东贯彻实施《珠江三角洲地区改革发展规划纲要》的意见和建议。汪洋明确提出，要让民间智库提升广东的软实力。2009年11月1日的首届"潮涌珠江——广东网民论坛"上，南方都市报总编辑、奥一网副董事长曹轲宣布"南方民间智库"成立。他表示，"南方民间智库"是一个开放创新平等的平台，这些属性和网络一样。

2011年2月27日，在第二届中国网络问政研讨会上，南方民间智库专家委员会正式成立，这个专家委员会为南方民间智库的学术指导机构，决策智库重大事项。专家委员会中，除了彭澎、罗蔚、任剑涛等学者外，更有多位知名网友，包括"十年砍柴""厦门浪"以及当年"因特虎"的发起人之一金心异。2011年5月，广东南方网络问政运营有限公司成立，法人为《南方都市报》总编曹轲。2012年1月，南方民间智库正式在广东省民政厅注册为民办非组织"广东南方民间智库咨询服务中心"。南方民间智库借每次大型活动的契机成立分库，目前已有妇联分库、白云分库、惠州分库和顺德分库。

南方民间智库定位为南方民间思想库、公共决策智囊团、网络舆情分析师，依托南方报业传媒集团信息、资源等核心优势，为各级党委政府、社会各界在网络问政、社会管理创新、经济文化发展等方面提供决策、咨询服务。作为一个民办非企业单位，南方民间智库明白自己的公益职责，是要推动广东的思想解放，激发民间智慧，积极建言献策，当好党和政府的参谋，起到积极作用。

66. 国家创新与发展战略研究会（2010）

国家创新与发展战略研究会（简称国创会）成立于2010年5月，由中国著名理论家、战略家郑必坚发起创立并担任会长，一批著名政治家、外交家、军事家、经济学家、两院院士、社会活动家等出任高级顾问和学术委员会成员。其核心使命是开展国内国际重大战略问题研究，为国家宏观决策及政府政策制定提供智力支持和咨询服务。成立以来，国创会联合中国党、政、军相关部门，学术机构和产业界，开展了一系列有关中国国际战略、大国关系、国家创新与发展战略、网络战略、社会治理及执政理念等重大课题研究，向中国政府提出了多项重要政策建议，许多建言被中央政府采纳，成为中国对内对外决策的重要组成部分。

国创会坚持中国和平崛起理念，倡导在中国和世界各国间构建全方位、多层次的利益汇合点和利益共同体，实现共同和平发展。围绕"读懂中国"这一宏大主题，国创会开展了一系列重大项目：与国际著名智库21世纪理事会合作举办"读懂中国"国际会议，该论坛已成为世界了解中国发展战略最具影响力的平台之一；与中国外文出版社合作出版了"读懂中国"系列丛书。第一辑24种中英文主题图书已于2018年出版发行，丛书第二辑、第三辑也在策划中；"读懂中国"纪录片和网络视频也在积极筹拍中，拟于2019年10月推出。

国创会于2018年4月成立了"国家创新与发展战略研究会创新驱动研究院"，专门研究创新驱动发展实践活动，并按照地方经济和社会发展的实际需求，为区域经济转型升级和新旧动能转换提供顶层设计和实践帮助。此外，"北京读懂中国经济与社会发展基金会"经民政部门批准，于2018年11月21日正式成立。该基金会是研究会下属公益慈善组织，旨在资助举办"读懂中国"相关公益活动、系列研究及成果的出版，同时，基金会也计划资助经济与社会发展领域相关课题的研究，在教育、科学、文化等领域积极开展公益活动。

网址：http://ddzg.cyol.com/。

67. 腾讯互联网法律研究中心（2011）、腾讯互联网与社会研究中心（2011）

2010年9月，奇虎360与腾讯之间爆发触及用户隐私和不正当竞争的争端，被业界称为"3Q 大战"，随后引起的诉讼案被称为"互联网反不正当竞争第一案"，通过此次事件，腾讯意识到有必要加强相关研究，并于 2011 年分别由其下法务部门和公关部门成立腾讯法律研究中心和腾讯互联网与社会研究中心。前者主要职能是依托腾讯公司多年来积累的案例、数据和资料，深入研究互联网产业发展中遇到的前沿法律问题，为产业发展提供符合实务需要、科学严谨、可操作性强的报告和咨询意见。后者研究领域涵盖信息与网络科技前沿思想，科技对社会形态、社会组织、社会行为的深度影响，信息社会与新商业文明的构建，公共空间塑造、虚拟空间的社会意义。

网址：http://www.tisi.org/。

68. 民生智库（民生咨询）（2010）

北京民生智库科技信息咨询有限公司（简称民生智库或民生咨询）2010 年 9 月在北京市东城区工商局注册，它专注于社情民意调研，是国内较具影响力的政府第三方评估机构之一。

民生智库秉持"真实社情民意、权威评估咨询"的宗旨，致力于推动中国社会进步，系统研究公共政策问题，开展城市发展战略、政策和规划的研究；跟踪研究社情民意热点问题；组织实施有关城市环境、民生民政、公共卫生、公共教育、城市交通、劳动人口等研究工作，服务客户包括城乡建设部、科技部、交通运输部、发改委、人力资源和社会保障部、民政部、国家扶贫办、国家医改办等政府机构。

机构下设"一院五中心"，即民生舆情大数据研究院（2016 年成立）、城市公共环境研究中心、社情民政研究中心、劳动人口研究中心、城市发展研究中心、公共卫生研究中心，拥有各专业顾问（教授、高级工程师）18 人，专职研究人员 46 人，在北京范围内有 200 余人的调研队伍。

网址：http://www.minshengzk.com/。

69. 北京信息社会研究所（2011）

北京信息社会研究所成立于2011年。挂靠于中国信息经济学会，全称为中国信息经济学会信息社会研究所。是中国第一家专注于信息社会全方位研究的民间非营利机构。研究所创始理事为胡泳、王维嘉、梁春晓、王俊秀。研究所设学术委员会。学术委员会主席由胡泳担任。研究所所长由王俊秀担任。经过8年的努力，已经形成了自己独特的问题域和方法论。研究所宗旨是"信息渴望自由"。致力于研究互联网对中国转型的作用和影响。

该所成立后，由核心团队组织了一系列的著述和翻译活动，形成了多个"三部曲"成果，包括"网络政治三部曲"——胡泳的《信息渴望自由》（已出）、张嵩的《真理与意见》（待出）、《网民权利运动的兴起》（待出），"信息经济三部曲"——胡泳的《知识论导言》、王维嘉的《暗知识》、王俊秀的《新经济》，"知识社会三部曲"——《人人时代》《认知盈余》《知识的边界》，等等。

70. 新华都经济与管理研究院（2011）

新华都经济与管理研究院，是由福建新华都慈善基金会资助的公共研究机构，2011年4月在北京正式成立，福建新华都慈善基金会（2009年注册成立）是中国较早参与公益事业的民间资本。

基金会邀请北京大学教授何志毅担任研究院理事长，哥伦比亚大学教授、2006年诺贝尔经济学奖获得者埃德蒙·费尔普斯担任院长，著名经济学家曹凤岐、樊纲、林伯强等为学术委员会成员。新华都慈善基金会会长陈发树表示，希望能够借新华都开创中国民间研究机构"由民间慈善基金出资、以高校和学术机构为主导、由学者开展独立研究"的新模式。首批1260

万研究资金用以资助四个课题研究,分别是:家族企业传承和可持续发展,中国、美国、德国市场经济比较研究,全球创新力指数研究,能源经济与低碳项目研究。

71. 影响力智库(2011)

影响力智库以"北京影响力智库咨询有限公司"名义于2011年在北京市朝阳区注册,法人为苏小玲。该智库的定位是:作为国内首家专注企业避害课题研究的企业服务型智库,依托国内相关领域顶尖学者资源,联络有企业避害意识和需求的部分企业,挖掘并检测风险社会可能给企业带来的诸多不确定性危害,适时预警,共同防范。

影响力智库最具影响的活动是创办了"影响力中国"网站(网址:http://www.impactchina.com.cn),苏小玲自任总编辑,邀请了国内一大批著名的公共知识分子和独立知识分子作为网站的频道主编。但"影响力中国"网(一度改名为"影响力网")维持了两年左右时间便关停。

72. 深圳市马洪经济研究发展基金会(2011)、智库百人会(2013)

深圳市马洪经济研究发展基金会(简称马洪基金会)是为了继承著名经济学家马洪的遗志,发扬光大马老所创立的中国研究咨询事业,由综合开发研究院(中国·深圳)于2011年年底发起成立的非营利性社会组织。马洪基金会着眼于长远规划与可持续性发展,致力成为智库型、枢纽型平台,在"政府工作民间评价""构建和发展民间智库平台""理事系列专题报告会""推动社会治理的改革和创新"四大工作方向持续深耕。马洪基金会通过四大品牌活动的举办,把来自民间下面的改革力量与来自政府上面的改革力量结合起来,把自下而上的改革活力与自上而下的顶层设计结合起来,把开门改革的这种社会原动力和政府闭门改革的科学决策结合起来，不断激发和引领深圳民间的改革活力。

智库百人会是由深圳市马洪经济研究发展基金会发起的新型智库组织，是依托马洪基金的松散的纯公益性组织，成立于2013年。与之前各组织重用行业专家不同，智库百人会将吸纳深圳市各界的行业智者和专业精英参与。这个组织的成立，是为了依托其官方网站"政府工作民间评价网"，最大限度地发挥自己的智慧影响力，为改进和提高政府工作的效率和质量献计献策，并在撰写"政府工作民间评价报告"中发挥主力作用。百人会成员必须具有本领域专业知识、专业才能和第一线工作的丰富经验，且对本领域的社会发展有深刻和理性的理解，能够对本领域存在的社会问题进行深度分析，提出解决问题的思路和可操作性建议。申请入会者必须提交两三篇自己亲自撰写的对相关领域进行分析和政策建议的文章。

网址：http://www.szmhf.com/。

73. 温州民间智库（2011）、温州民间智库促进会（2015）

温州民间智库是源于官方背景的决策咨询委员会办公室为推动决策民主化而进行的网络咨询尝试（"问计于民"网络平台），随着其活动形式逐渐从线上走到线下，"问智会"作为线下平台通常由决咨委组织安排政府部门代表参加，以期推动政情民意的对接。温州民间智库网站是该智库提升档次与规模的一次升级之举，即将与民间智库有关的一切信息公开到网上，打造开放式公共决策的公众参与平台。2013年5月，"温州民间智库"以市民参与公共决策，因理念、机制和技术创新等特点，入选"第二届浙江省公共管理创新十佳案例"。

温州民间智库促进会以社会团体形式于2015年7月在温州市民政局注册成立，主管单位为温州市社科联，法人为陈宝圣。研究会是由温州地区各阶层有识之士、研究团队、民间社团自愿结成的地方性、联合性、非营利的社会组织，旨在整合民间智慧，服务温州发展，推动决策科学化、民主化。

网址（目前已无法访问）：http://club.66wz.com/。

74. 北京中研智库（2011）、陕西中研智业集团（2011）

北京中研智库2011年以"北京中研智库咨询有限公司"在北京注册（法人繁森），它是陕西中研智业集团（2011年在陕西工商注册为股份公司）的专业平台之一。中研智业集团成立于2006年，是专业从事政府咨询产业化运营的咨询公司，集团定位于"中国县域经济综合解决方案提供商及中国现代园区价值创新者和引领者"，以"专注服务于县域经济、提供综合解决方案"为核心特色，以"中研智业、中研智慧、中研融商"为三大主体，涵盖"研究咨询与规划设计，信息软件与系统集成，招商运营与投资管理"三大业务领域，为各级政府提供"综合性、一体化"解决方案。集团下设的研究机构包括：东西部经济研究院、东西部规划设计院、东西部旅游规划设计院、东西部工程设计院、东西部能源技术研究院、林业科技开发设计研究院等，累计完成各类规划咨询服务项目2000余项。出版成果包括《中国经济增长方式实证研究》《政府咨询之综合解决方案》《中国循环经济发展模式与案例分析》《中国西部县域经济研究》（年度报告）等。

曾办有"中国政府咨询网"，现已关闭。

网址：http://www.criic.com/。

75. 中国再发展研究院（2012）

中国再发展研究院（Institute for Chinese Redevelopment）是由三亚学院发起，联合香港、北京和上海有关院所设立的科研机构，2012年9月在香港注册为中国再发展研究院有限公司。研究院定位于中国问题的实证性理论研究和决策咨询研究，旨在创建一个独立的民间科研平台。中国再发展研究院院长为三亚学院党委书记、校长陆丹，该机构是高校智库社会化运作的一种尝试。

76. 磐石环境与能源研究所（2012）

磐石环境与能源研究所（REEI）于2012年创立于北京，是一家研究环境和能源政策的独立智库，主要创办人是赵昂、毛达和林佳乔。2018年4月在北京市顺义区民政局注册为民办非企业单位，更名为磐石环境与能源研究中心。

磐石的主要研究领域在能源转型政策、公共健康和空气污染方面，致力为行动型机构提供智力支持，并对当前中国环境和能源政策提供对策。磐石的愿景是：致力于推动以程序正义和理性批判为基石的环境政策决策机制的建立，使社会向更加包容、公正和可持续的方向发展。磐石以能源转型政策分析为主线，讨论如何在兼顾社会公平、气候变化、环境质量和公众健康的基础上，实现中国能源系统的低碳转型，并希望在此过程中促进多方参与、开放理性的环境政策讨论。自成立以来磐石已经发布了一批与碳市场、能源转型、空气污染治理和城市固体废弃物管理等相关的政策分析报告。

网址：http://www.reei.org.cn/。

77. 重庆智库（2013）

重庆智库成立于2013年8月，创始人和理事长王佳宁称该智库是全国独一家"兼具社团法人和企业法人双重特征"的社会智库。2015年3月，重庆智库研究院有限公司成立，法人是王君也——全国社会组织数据库中目前尚无重庆智库的注册信息。

重庆智库专职工作人员不到20人，内部设有长江经济带战略研究中心、专题研究部等多个部门。该智库的业务内容包括自主申报研究课题,应邀参与国家和重庆政策文件制订的咨询,主办期刊《重庆智库》,组织政策解读研讨会和"中国经济景气30人论坛"等学术论坛,以及对重庆市委、市政府相关决策落实情况开展第三方评估。

网址(维护中):http://www.cqti.org.cn/。

78. 盘古智库(2013)

盘古智库(The Pangoal Institution)成立于2013年,以"盘古智库(北京)信息咨询有限公司"注册为企业形式,主要发起人易鹏曾在国家发改委城市和小城镇发展中心工作。盘古智库的宗旨是:秉持"天地人和、经世致用"理念,以"客观、开放、包容"的态度,聚焦国际关系、宏观经济与金融、区域与产业、创新驱动等领域,积极开展民间外交实践。

盘古智库成立后发展迅猛,在美国宾夕法尼亚大学"智库研究项目"(TTCSP)中近三年连续被列为亚洲最佳智库之一(2018年排名第39),很大程度上得益于盘古不断扩展合作网络的发展模式。如今盘古智库已经汇聚了350余名国内外各界声望卓著的知名人士担任高级顾问、学术委员及研究员,共建立起14个研究中心。盘古智库作为主要发起单位,倡议成立了由中国、美国、德国、意大利、印度、韩国、新加坡、加拿大等海内外50余家一流智库组成的"全球治理智库连线"。

盘古智库迄今举办了包括"2016香山全球智库论坛""'一带一路'倡议高层会议""盘古智库——韩国东亚基金会中韩战略对话"在内的超过400场高水平国际论坛,活动研讨800多场,内部头脑风暴过1000场,公开报告107个,主题涵盖全球治理、"一带一路"、创新驱动、宏观经济与金融、G20、金砖机制、区域与产业发展等热点问题。

网址:http://www.pangoal.cn/。

79. 国观智库（2013）

国观智库（GRANDVIEW）是由北京国观智库投资有限公司（2013年工商注册）创建的战略型民间智库，创始人为任力波，曾供职于新华社10年，其中有5年从事中共中央和国务院内参报道工作。国观智库坚持"行知·致远"的发展理念，用知行合一、行稳致远的态度和实践致力于中国的安全、繁荣和稳定，研究领域聚焦于"一带一路"倡议与境外投资、海洋战略与蓝色经济、边疆治理与全球反恐。国观智库坚持"应用研究为导向、信息研究为基础"的研究思路，组建起一支上百人的研究队伍，包括知名学者、政府官员、资深记者及企业领袖。

国观智库下设海洋事业部、能源事业部、环保事业部、酒水事业部、国际事业部。其中，海洋事业部为国观智库赢来了最多订单，其对海洋领域的研究主要有三个方面：国际涉海信息的监测与分析、涉外方向的海洋系列研究和中国沿海城市海洋经济竞争力研究。

国观智库通过独立报告、政府专报、媒体内参等形式为中国决策层建言献策，并参与外交部、发改委、国家海洋局等众多中央政府的相关重大战略课题研究，研究成果得到决策层的高度肯定。同时将决策研究服务延伸至北京、重庆、广东、广西、福建等地方政府，通过城市战略定位和产业规划研究，影响地方的政策走向和产业发展。

网址：http://www.grandviewcn.com/。

80. 华夏新供给经济学研究院（2013）

华夏新供给经济学研究院是由贾康、白重恩、王庆等12位学者发起设立的新型民间智库组织，2013年9月在北京注册为民办非企业，法人兼院长为华软资本管理集团股份有限公司董事长王广宇，理事长为中国民生银行董事长洪崎。首席经济学家为原财政部财政科学研究所所长贾康。研究院以"人才是核心,研究是基础,社会效益是追求"为理念,打造学习型组织和创新型团队。

研究院致力于从供给侧研究以改革为核心的新供给经济学,打造并持续监测"民生新供给经济运行调查指数",构建了跨界合作的智库平台"中国新供给经济学 50 人论坛"和"中国养老金融 50 人论坛",举办新供给双周学术研讨会、季度宏观经济形势分析会、《中国 2049 战略》圆桌、新供给金融圆桌以及新供给年度重点课题研究等活动。

网址:http://www.newsupplyecon.org/。

81. 广东亚太创新经济研究院(2013)

广东亚太创新经济研究院创立于 2013 年,是由广东省社会科学界联合会主管,由从事创新经济研究的专家、学者和企业共同发起和组建的民办非企业。研究院立足于全球资源配置中心广州市,依托粤港澳大湾区,积极开展创新经济研究与国际交流合作。研究院定位"产业智库、创新先锋",面向国民经济和社会发展中的战略性、前瞻性及热点课题,建立创新经济研究体系,重点聚焦"创新驱动"战略实施下的区域、城市、产业和企业发展,为政府、园区、企业、投资者提供专业研究与咨询服务,具体包括现代化经济体系、"一带一路"与湾区经济、开放型经济、国际合作、轨道经济、空港经济、战略性新兴产业、先进制造、大健康产业、科技服务、价值创新园区、特色小镇、城市更新等研究方向。

网址:http://www.guangdongaper.com/。

82. 中国信息化百人会(2013)

"中国信息化百人会"(英文简称 ChinaInfo100),2013 年 2 月成立于北京,是由关注中国信息化发展的一批中青年专家学者共同发起成立的非官方、非营利性的学术研究平台,属于本书所讨论的"网络型"非实体智库。内部设立顾问委员会、学术委员会、百人会成员、理事会、执行委员会与秘书处。

"中国信息化百人会"致力于研判全球信息化趋势、挑战与机遇,研究中国信息化发展的重大前沿和战略问题,深度解析信息化发展对中国经济体制改革、发展方式转变、社会转型的支撑和引领作用,为探索信息化时代的中国实现现代化的新路径贡献智慧。围绕提供高质量的研究成果,提供高效的政策交流平台,其主要开展以下工作。

(1)开展重大课题研究。根据国家和产业发展需求,依托中国信息化百人会顾问、学术指导委员、信息化百人会成员的网络资源,组织国内外专家,聘请专职研究人员,进行有关信息时代改革发展和转型的关键性问题研究。(2)举办专题研讨会。以信息通信技术推动经济社会转型过程中的重大问题为主题,邀集政府主管部门、不同专业领域专家学者和企业家,融汇思想,交流观点,推动发展。(3)召开政策问题闭门会议。针对信息化发展的重点、难点、敏感问题,选择邀请不同利益相关主体和政府部门人士,根据需要进行多次交流,形成内部对话机制,促进政策讨论和意见沟通。(4)编发内部和公开出版物。出版中国信息化百人会研究报告,编发中国信息化百人会成员研究成果和国内外重要研究成果,促进思想和学术交流。

网址:http://www.chinainfo100.com/。

83. 深圳市现代创新发展研究院(2013)

深圳市现代创新发展研究院(英文缩写 SZIDI),是深圳改革创新的社会智库,于 2013 年 7 月在深圳民政局登记注册的民办非企业。研究院立足深圳,面向全国,放眼全球,致力于中国改革创新的重大理论和实践问题的研究,推动深圳乃至全国的改革创新,为党和政府决策提供参考和咨询。其业务内容包括：为深圳市委市政府推动改革创新工作提供建议，搭建高层次改革思想理论和实践的交流平台；对重大改革项目提供咨询和评估；组织评选"金鹏改革创新奖"，促进深圳政府、社会、企业创新；举办"大梅沙中国创新论坛"，将论坛打造成高水准的、具有国际重要影响力的深圳城市名片；对中国改革创新进行年度分析，发布《中国改革创新年度报告》。

网址：http://www.cxsz.org/。

84. 中信改革发展研究基金会/中信研究院（2014）

中信改革发展研究基金会于2014年8月经民政部批准成立，属于非公募基金会主管，由中信集团主管，基金会的原始基金数额为人民币5000万元，资金来源于企业和个人捐赠。理事会是中信改革发展研究基金会的决策机构，理事长为中信集团原董事长孔丹。

基金会宗旨为：积极配合党和国家重大决策和部署，围绕社会科学各领域重大问题特别是中国特色社会主义发展道路和发展模式等深入开展专题研究，切实发挥带动效应，有效引导群众思想。业务范围包括：开展和资助有关社会科学各领域重大问题特别是中国特色社会主义发展道路和发展模式等方面的研究、学习和宣传活动；组织和资助包括国家治理、社会治理、公司治理等社会科学各领域重大问题的各种学术交流活动和会议；资助有关社会科学各领域重大问题的研究项目和研究机构；资助有关社会科学各领域重大问题的学术著述的编写和出版；资助经理事会批准的与社会科学各领域重大问题有关的其他各类活动；资助其他公益性活动。

中信改革发展研究院（简称中信研究院）为基金会下设机构。聘请来自各大高校和科研机构以及部分中信集团内部人员担任资深研究员和研究员，目前这支队伍有近300人。

网址：https://www.citicfoundation.org/。

85. 上海春秋发展战略研究院（2014）

上海春秋发展战略研究院于 2014 年 9 月在上海市社团管理局注册成立，主管单位为上海市社科联，法人为金仲伟。但在正式注册之前，该研究院在 2010 年之前就以（上海）春秋综合研究院为名开展学术活动，其核心成员主要是一批上海高校学人，包括张维为、李世默、冯绍雷、曹锦清、金仲伟等。2010 年，春秋综合研究院与上海观察者信息技术有限公司（2012 年 11 月注册成立，法人也是金仲伟）联合创办了目前国内最知名的时政评论网站之一的"观察者网"（www.guancha.cn）。

86. 武汉东湖社会发展研究院（2014）

2014 年 8 月，东湖社会发展研究院在武汉市武昌区民政局注册成为民办非企业，法人为丁鹏。按照社会组织登记办法，其全称应包含属地，即"武汉市武昌区东湖社会发展研究院"。该机构实际是武汉大学公益与发展法律研究中心（简称公益法中心，2007 年成立）寻求"体制外"运作以获得更大自主性的结果。

该研究院依托公益法中心及其姊妹机构"武汉大学社会弱者权利保护中心"（1992 年成立）累积的学术资源和社会服务实践经验，以智库形式开展研究、服务社区，推动法治社会发展与社会治理创新。其业务范围主要包括：开展社会发展、公益慈善、权利保障等方面的研究；组织实施公益法律咨询与培训、支持社会组织的交流与能力建设。实际运营中，该机构成立后主要是承接地方民政局的公益创投项目，并为老年人、残障人等社区边缘人群提供高质量的免费咨询和志愿法律服务。

该机构在 2018 年年检时被民政部门告知，如果保留"研究院"名称，就需要找社科联做主管单位，如果维持直接登记，就需要变更名称。而后在办理名称变更的过程中，当地行政审批局进一步提出，业务范围也要进行相应调整。经过几个月的往复沟通，最终机构确定更名为"公益服务中心"，在业务范围里放弃了"研究"以及组织社会组织交流，并排除了直接与法律或维权相关的活动。2018 年，该机构正式更名为"武汉市武昌区东湖公益服务中心"。

87. 万博新经济研究院（2014）

万博新经济研究院于 2014 年 8 月以民办非企业身份注册成立，创办人和法人为民间经济学家滕泰，以"立足学术，助力决策，推动改革，服务社会"为使命，是专注于新经济研究的非营利性机构。下设新经济研究中心、软产业研究中心、宏观经济研究中心和金融与资本市场研究中心。研究院定期提供《供给侧改革研究月报》《软产业研究月报》《软环境研究月报》《宏观经济研究月报》等内参报告，致力于为决策部门、地方政府、行业协会和企业提供专业研究服务。

研究院成立以来，多次在宏观经济和金融市场的关键阶段做出重要判断并提出建设性决策建议，尤其是在 2013 年"钱荒"、2015 年"股灾"和人民币汇率大幅波动期间的建议，对相关决策起到了积极作用。2016 年 1 月出版的《供给侧改革》一书，是国内第一本系统阐述供给侧改革原理的学术著作。此外，研究院还承担了来自多个决策部门、地方政府的重要课题任务，并在多个省市中心组学习、部委党校和领导干部学习中，就宏观经济形势、供给侧改革、城市新旧动能转换和产业转型等专题进行授课，建设性地解读经济改革原理和经济形势。

网址：http://wanb.org.cn/。

88. 绿色创新发展中心（2014）、绿色低碳发展智库伙伴（2014）

绿色创新发展中心由美国能源基金会北京办事处 2014 年发

起、专注绿色低碳发展的中国民间智库，通过跨学科、系统性、实证性的政策研究、梳理、比较和评估，推动低碳环境政策的精细化和可实施度。绿色创新发展中心关注以下领域的研究、咨询和交流：宏观气候政策、城市绿色低碳转型、绿色经济政策、行为减排。绿色发展创新中心以中国绿色发展领域政策行动为切入点，主要工作包括两部分，一部分是开发独立的工具去做环境研究，另一部分就是做专业知识的分享，通过培训、交流，进行战略传播，既做专业知识的加工生产，又做专业知识的阐释性传播。绿色创新发展中心，是绿色低碳发展智库伙伴秘书处的执行机构。

"绿色低碳发展智库伙伴"（简称"低碳智库伙伴"），是由中国能源研究会能源系统工程专业委员会组织成立的，中国领先低碳研究机构和能源、环境、经济学家间的交流平台，于2014年6月全国低碳日发起。该平台服务于伙伴机构和专家间的交流分享和研究合作，专注梳理国内外绿色低碳最佳研究工具和成果，搭建务实的技术和决策支撑体系，以促进地方绿色转型，树立中国低碳发展国际影响。

网址：http://www.igdp.cn；http://gdtp.weiyingjia.org/。

89. 一带一路百人论坛（2015）

"一带一路百人论坛"（One Belt One Road 100），是由中共中央党校赵磊教授发起，由政府官员、专家学者、企业家、媒体从业者等各界精英组成，以服务"一带一路"建设为宗旨的"网络智库"，即网络型非实体智库。论坛的定位是，致力成为"一带一路"优质资源的共享与孵化平台，聚智慧、聚资源，推动"一带一路"早期成果与标志性项目的落地。

该论坛的雏形是赵磊教授个人建立的微信群，在到达一定规模后就开始形成"群中群"，即专家委员会，包括专家委员会、企业委员会、文化委员会。2015年5月，"一带一路百人论坛"微信公众号推出第一篇文章。2015年8月8日,由一带一路百人论坛、商务印书馆、凤凰网国际智库、北京语言大学联合主办了"一带一路百人论坛·首届论坛"标志着其从线上走到线下。

网址:http://www.obor100.com/。

90. 紫金传媒智库(2015)

2015年4月,在江苏省委宣传部和南京大学的支持和指导下,南京大学所属的社会学院、新闻传播学院、信息管理学院、政府管理学院、法学院等社会科学院系与江苏广电集团、新华报业传媒集团、凤凰出版集团、江苏有线电视集团等省内四大媒体集团共同商议,成立了"江苏紫金传媒智库",2015年8月完成民非注册,并于10月同时在南大挂牌"南京大学紫金传媒智库",对外统称"紫金传媒智库"。

紫金传媒智库以舆论与社会心态、传播与政府形象、风险与公共危机、大数据与社会计算以及信访与社会矛盾为主要研究方向。该智库汇集政府、学界和媒体三方力量,运用"互联网+"的创新思维和大数据分析技术,时时跟踪舆情,把脉社会心态、问诊社会问题、预警社会风险和建言政府决策。借助省委宣传部《智库专报》和《智库简讯》等平台,智库将其最新研究成果及时上传上报,为省委省政府建言献策的同时,也为国家治理及国家软实力的提升贡献智慧和力量。

智库下设舆论与社会心态研究中心、大数据与社会计算研究中心、互联网与传媒发展研究中心、风险与公共政策研究中心、信访与社会矛盾研究中心,完成了一系列研究咨询工作,并拥有"中国民众的经济信心指数""中国A股上市公司创新指数""南京江北新区创新活力指数"等多项核心产品。

网址:http://www.zijinmtt.cn/。

91. 凤凰网国际智库（2015）

凤凰网国际智库是由凤凰网集中优势资源重点打造的平台型智库，旨在打造中国最具影响力的国际问题研究智库，致力于成为"思想市场领导者"。将思想产品的生产和传播有效地结合起来，在智库与智库之间达成协作共赢。

该智库首个研究报告《未来冲突因子——对比70年亚太安全环境变化》发布于2015年9月，也是凤凰网国际智库以智库名义首次公开亮相。凤凰新媒体CEO、执行会董事刘爽任智库理事长，凤凰新媒体总裁李亚任副理事长。凤凰国际智库应视为凤凰融合媒体资源发挥智库功能尤其是思想传播功能的一种尝试。其主要致力方向为国际关系、国际局势的研判和企业国际化服务。国际问题方面拥有"先行军""战略家""与世界对话"三个文字栏目及"大国小鲜"视频栏目；企业国际化方面拥有《凤凰全球日报》《凤凰全球内参》《凤凰指数》三款资讯类产品，以及月度沙龙"凤凰策"。

网址：https://pit.ifeng.com/。

92. 财新智库（2015）

财新智库成立于2015年8月，以"成为新经济时代中国金融基础设施建造商"为愿景，打造集研究、数据、指数为一体的高端金融服务平台。财新致力将自身发展成一个类似于"彭博+经济学人"这样的综合性资讯集团，财新智库就是实现该目标的重要一翼。财新智库平台是商业性机构，有单独的机制设计，与传媒业务相互独立，又整体互补。

财新智库致力于对中国宏观经济结构调整、资本市场国际化、中国产业走出去和金融科技健康发展的问题的一揽子解决方案，为金融机构和企业客户提供量身定制的合作方案，提升企业价值，实现突破性发展。其开发的研究产品包括气候风险指数、新经济指数（NEI）、农产品产量指数、大宗商品指数、消费升级指数（NECI）等。财新智库的研究服务还包括：对区域经济分析评价的经济社会评价模型、对企业的可持续发展评价模型，以及区域气候特征评定等一些针对资本市场、宏观经济、区域经济的定向受托研究或评估分析。

网址：http://www.caixininsight.com/。

93. 汉唐智库（2015）、长江智库（2015）

汉唐智库由汉唐控股集团（董事长张晓彬）投资兴办，汉唐控股集团成立于 2006 年，该集团于 2015 年确立"智库、教育、咨询、资本"四轮驱动战略。汉唐智库为集群式架构，智库群理事会专家成员主要来自汉唐控股集团、中国社会科学院金融研究所、清华大学金融研究部、中国总会计师协会、国家发改委西部研究院等十几家权威机构，以上所列为智库群的最高决策机构，直接指导中央研究院运作。中央研究院下设学术委员会、智库网络部、金融智库研究部、财税智库研究部、长江智库研究部和中亚智库研究部等机构。

金融智库、财税智库、长江智库主要以集团教育业务板块为主线进行选题研究，同时注重以咨询的形式实现其研究的价值。中亚智库属于外向型智库，目前偏向于研究中亚经济贸易、金融投资领域，将在资本这一业务板块展现其价值，同时也会对咨询业务板块产生影响，与其他智库形成合力。四大智库平台各有侧重，为汉唐控股集团的产业金融资本战略提供决策性支持，共同致力于推动中国特色新型智库建设。其中长江智库 2015 年成立，由湖北日报传媒集团、省委党校、汉唐教育集团、湖北省经济学会、武汉光谷联交所联合打造。

网址：http://www.hantangzhiku.com/。

94. 走出去智库（2015）

走出去智库（CGGT）2015 年 8 月以"北京走出去智库数

据信息技术有限公司"名义在北京市工商局朝阳分局登记成立。公司经营范围包括技术开发、技术推广、技术咨询、技术转让、技术服务等。该智库法人为白桦，首席专家吕立山（Robert Lewis）是中伦律师事务所管理合伙人。其专家成员多来自著名的律师事务所和会计师事务所，也包括中信证券等机构的投资专家以及来自北京大学、中共中央党校、北京外国语大学的相关领域学者。

CGGT定位为一个帮助企业"走出去"在线实务智库，为企业提供一站式海外战略、金融、财务、税务、法律、品牌管理的实务研讨平台，"让企业走出去、走得稳、走的好"。从这个层面上，该智库扮演的更像是咨询企业的角色。同时，该机构也主办《走出去观察》的订阅刊物。在国家信息中心发布的《"一带一路"大数据报告2018》，该智库被评为"一带一路"十大社会智库。

网址：http://www.cggthinktank.com/。

95. 深圳社会组织研究院（2015）

深圳社会组织研究院于2015年9月成立，注册形式为民办非企业，北京华夏经济社会发展研究中心主任饶锦兴担任法人和研究院院长。研究院由深圳市社会组织总会、深圳市慈善会、深圳市企业联合会三家社会组织率先发起，由清华大学、深圳大学、综合开发研究院等研究机构的专家学者共同参与。研究院主要开展社会组织发展相关政策研究、绩效评价、能力建设和平台建设等业务，积极链接多方资源，跨界搭建扶贫开发、养老服务、环境保护、社区服务等社会创新平台。研究院致力成为社会组织研究领域具有全国影响力的民间智库，并探索社会组织改革理论，培养社会组织领军人才，加强社会组织创新能力建设，推动社会服务专业发展。

96. 蓝迪国际智库（2015）、北京蓝迪一带一路发展研究院（2018）

蓝迪国际智库是由中国社会科学院"蓝迪国际智库项目"搭建的旨在服务"一带一路"沿线国家和地区建设与发展的新型智库平台，是中国社会科学院"一带一路国际智库"社会化运作的尝试。平台由中国社会科学院、中国（海南）改革和发展研究院、巴基斯坦中国研究院、清华大学国际传播研究中心、商务部五矿化工商会、中国宋庆龄基金会和埃森哲公司等机构共同发起设立。2015年4月15日，蓝迪国际智库平台在海南省海口市举行的"中巴经济走廊战略研讨会"上正式启动。

蓝迪国际智库是资源整合平台，积极探索"小平台、大网络"的组织运行机制，通过建立法律服务、政策研究、技术标准、信息服务、金融支持、文化与品牌、能力建设七大服务体系，致力于搭建中国企业信息共享平台，进行"一带一路"建设国别分析，协助企业抱团出海，为支持企业"走出去"提供了系统性的支持。《探索新型智库发展之路——蓝迪国际智库报告（2015）》一书，总结了蓝迪国际智库在体制机制探索、发挥智库作用、推进国际合作等方面的经验。

2018年8月，北京蓝迪一带一路发展研究院以民办非企业形式在京注册成立，创始人及法人吕红兵是国浩律师事务所首席合伙人，同时也是"蓝迪国际智库项目"专家委员会成员。

网址：http://www.rdi.org.cn/。

97. 中智科学技术评价研究中心（2015）

中智科学技术评价研究中心2015年8月以民办非企业身份注册成立，中心的前身是2006年成立的全国经济综合竞争力研究中心（不具法人资质的联盟性研究机构）。中心主要职责是承担政府职能部门、机构许可和委托的国内外科学技术评价活动，运用科学评价方法对国际国内经济社会发展状况进行评价；通过深入展开科学技术评价的理论和实践研究，及时向党和国家以及各级部门提供建议咨询，积极争取与我国国际经济地位相适应的科学技术评价"话语权"。其主要研究成果包括《世界创新竞争力报告》《全球环境竞争力报告》《二十国集团（G20）国家创新竞争力报告》《中国省域经济综合竞争力发展报告》《中国省域环境竞争力发展报告》和《中国省域经济综合竞争力评价与预测研究》《中国茶产业发展报告》《海峡经济区发展报告》等一系列国家级蓝皮书。

网址：http://www.ciste.cn/。

98. 三亚公共外交研究院（2015）、中国公共外交研究基金（2017）

三亚公共外交研究院是 2015 年在三亚注册的民办非企业机构，其主要宗旨是推动公共外交，法人孙治国，其主要业务为召开高层次公共外交理论研讨会，举办"21 世纪海上丝绸之路"研究；作为国内外学术交流的平台，搭建人文公共外交的实践舞台等。

三亚公共外交研究院、全球竞争力信息科学研究院、中国企业报集团和海南省金融发展促进会联合发起的中国公共外交研究基金（非基金会形式）于 2017 年 11 月启动，该基金实行理事会领导下的秘书长负责制，秘书处设在三亚公共外交研究院，彭光谦少将任理事长。其主要资助的项目有：三亚公共外交论坛、中国公共外交研究报告、全球竞争力研究项目、三亚"首脑外交和休闲外交"基地建设（外交小镇）及其他与公共外交有关的项目。其中，三亚公共外交论坛是经外交部批准，三亚公共外交研究院、三亚市人民政府主办的年度公共外交会议，每年 11 月中旬在海南三亚举行。

99. 中国丝路智谷研究院（2016）

中国丝路智谷研究院（China Silk Road Valley Research Institute）由梁海明创办，梁海明在暨南大学经济学院从本科直到读完博士，毕业后到香港从事媒体等工作，后创办了丝路智谷。研究院注册形式不详。2016年，广东丝路智谷研究咨询有限公司在深圳注册成立（法人刘婉娟），似乎为研究院的实体建制。

该研究院聚焦于"一带一路"、宏观经济、文化遗产、文化创意产业、教育产业和金融科技等领域的研究，致力推动"一带一路"建设，推动文化创意产业"走出去"，推动教育产业国际化，推进国家参与完善国际经济组织、国际组织治理和顶层设计。研究院还联络了国内从事跨界电商、区块链技术的研究团队。该研究院积极利用新媒体扩展自身影响力，在南京大学与光明日报社联合发布的2018年中国智库排行榜中，该机构排名社会智库第三位。

100. 国策智库研究院（2016）

国策智库研究院，2016年7月以企业形式（"北京国策智库信息技术研究院"）注册成立，投资人和研究院实际负责人为郭俊昌。

国策智库研究院以"服务中国中小企业和企业家的持续发展"为己任，密切联系全国中小企业和企业家、政府、国际组织，深入了解民营经济发展的实情，倾听企业家的心声和诉求，积极向党和政府提出政策性建议，破解发展难题，厚植发展优势；通过走访调研、交流研讨、会议会展、学术交流、课题研究等，依托国策智库研究院在政产学商的资源优势，精准分析宏观政策，浓缩解读产经大势，寻找企业运营发展之道，汇聚发展新动能，提供本地化、个性化、个案化的权威解决方案，为企业在政策信息、经贸合作、金融、科技、公共关系和全球化发展等方面提供全面服务。该机构以承办各种论坛、会议为活动内容和影响力拓展手段。全球企业家（北京）文化交流中心是国策智库研究院企业交流平台，致力于促进全球企业家之间的文化交流、商务合作，更好地服务于中国民营企业的全球化进程。

网址：http：//www.guocezk.com/。

101. 大国策智库（2017）

"大国策智库"成立于2017年3月，2017年12月在香港注册成立大国策智库有限公司（法人不详）。智库以大国关系、"一带一路"、国防金融、军民融合等为主要研究领域，致力于推动中国改革深入，增进中国全球影响力。其下设印太战略研究中心、海外政治风险研究中心、中亚研究中心、交通与国家安全研究中心、美国研究中心、全球治理研究中心，定期刊发《大国策·专题报告》和《大国策·战略参考》，并根据需求进行特定课题调研，提供小额学术研究启动经费，举办专题研讨会和企业战略咨询等。大国策聘请国务院发展研究中心、中国社会科学院、北京大学等著名科研机构和高校国际战略、国际政治等领域知名学者为其高级研究员。

网址：http：//www.daguoce.org/。

102. 国是百人会（2017）

2017年12月由中国新闻社发起成立，定位于公共政策的智慧众筹平台。该平台旨在利用中新社多年积累的政府部门、专家和业界资源，以及海内外传播平台，致力于重要经济理论、重要经济政策、重要经济活动的研究和解读，着力讲好中国故事，做好解疑释惑工作，为中国经济社会发展提供坚实的智力支撑和良好的舆论环境。"国是百人会"成员由三个"一百"组成，即百名国内外致力于中国经济问题研究的经济学家，百名具有企业家精神的企业家，百名具有创新精神的政府官员。

103. 万里智库（2017）

"万里智库"是由数十位国内财经学者共同发起的一个新型

财经智库平台，智库设有北京云帆万里文化传媒有限公司（2017年9月注册成立）为运营主体，并开设新媒体《云帆商业评论》作为学术传播平台。2017年11月，以万里智库副秘书长余蓓蕾为法人的霍尔果斯万里智库文化传媒有限公司在新疆伊犁州注册。2019年2月，万里智库国际研究院有限公司在香港注册成立，主任为著名经济学家何帆。

智库以"可持续发展与企业社会责任"为特色，区别于其他社会智库的定位。该智库重点研究宏观政策、精准扶贫、三农改革、创业创新、幸福产业、普惠金融、社会责任、生态建设。通过聘请一批知名的政府经济部门的专家型官员、经济学家和媒体精英为其研究员，该智库迅速建立起自身影响力。2018年10月，该智库与上海社会科学院、复旦发展研究院联合主办了"2018上海全球智库论坛"。

主要参考文献

专著类

陈国良：《中国的社与会》，浙江人民出版社1996年版。

陈振明主编：《政策科学——公共政策分析导论》（第二版），中国人民大学出版社2003年版。

东中西部区域发展和改革研究院：《中国智库发展报告》，国家行政学院出版社2011年版。

杜骏飞主编：《全球智库指南》，江苏人民出版社2018年版。

国际社会科学理事会、联合国教科文组织：《世界社会科学报告·2010：知识鸿沟》，教育部社会科学司、中国社会科学院外事局译，高等教育出版社2012年版。

上海社会科学院智库研究中心：《2013年中国智库报告——影响力排名与政策建议》，上海社会科学院出版社2014年版。

唐磊、刘霓等：《跨学科研究的理论与实践——基于研究文献的考察》，中国社会科学出版社2016年版。

唐磊主编：《当代智库的知识生产》，中国社会科学出版社2013年版。

王辉耀、苗绿：《大国智库》，人民出版社2014年版。

徐家良主编：《中国社会智库发展报告》，社会科学文献出版社2018年版。

于今：《中国智库发展报告》（2013—2017），红旗出版社2018

年版。

郑琦:《中国民间智库发展研究》,中共中央党校出版社2017年版。

郑永年等:《内部多元主义与中国新型智库建设》,东方出版社2016年版。

朱光磊:《当代中国政府过程》,天津人民出版社2002年版。

朱旭峰:《中国思想库——政策过程中的影响力》,清华大学出版社2009年版。

[美]安德鲁·里奇:《智库、公共政策和专家治策的政治学》,潘羽辉等译,上海社会科学院出版社2010年版。

[美]托马斯·戴伊:《理解公共政策》(第十二版),中国人民大学出版社2011年版。

[美]约翰·W.金登:《议程、备选方案与公共政策》,丁煌、方兴译,中国人民大学出版社2004年版。

[美]詹姆斯·麦克甘、安娜·威登、吉莉恩·拉弗蒂主编:《智库的力量:公共政策研究机构如何促进社会发展》,社会科学文献出版社2016年版。

[美]詹姆斯·麦克甘、理查德·萨巴蒂尼:《全球智库:政策网络与治理》,韩雪、王小文译,上海交通大学出版社2015年版。

[美]詹姆斯·麦克甘:《美国智库与政策建议:学者、咨询顾问与倡导者》,肖宏宇、李楠译,北京大学出版社2018年版。

[英]科尔巴奇 H. K.:《政策》,吉林人民出版社2005年版。

Silvia Menegazzi, *Rethinking Think Tanks in Contemporary China*, Palgrave Macmillan, 2017.

文章类

崔翔、鲍宗豪:《民间智库的价值取向与政策效应》,《重庆社会科学》2013 年第 2 期。

黄晓春：《当代中国社会组织的制度环境与发展》，《中国社会科学》2015 年第 9 期。

贾西津：《民办思想库：角色、发展及其规制》，《探索与争鸣》2007 年第 10 期。

金家厚：《民间智库发展：现状、逻辑与机制》，《行政论坛》2014 年第 1 期。

景跃进：《比较视野中的多元主义、精英主义与法团主义——一种在分歧中寻求逻辑结构的尝试》，《江苏行政学院学报》2003 年第 4 期。

蓝波涛、罗一宇、黎家娴：《国内民间智库研究述评》，《广西社会科学》2018 年第 5 期。

林坚：《建设中国特色新型智库的全局思考》，《国家治理》2016 年第 16 期。

林尚立：《民间组织的政治意义：社会建构方式转型与执政逻辑调整》，《云南行政学院学报》2007 年第 9 期。

刘西忠：《从民间智库到社会智库：理念创新与路径重塑》，《苏州大学学报》（哲学社会科学版）2015 年第 6 期。

芦垚、朱旭峰、姚亿博：《中国新智库》（"专题报道"），《瞭望东方周刊》2014 年第 6 期。

唐文玉：《行政吸纳服务——中国大陆国家与社会关系的一种新诠释》，《公共管理学报》2010 年第 7 期。

王聪会、魏崇辉：《国家与社会关系视角下的民间力量：要义、功能与发展》，《世纪桥》2017 年第 11 期。

王诗宗、宋程成：《独立抑或自主：中国社会组织特征问题重思》，《中国社会科学》2013 年第 5 期。

薛澜、朱旭峰：《"中国思想库"：涵义、分类与研究展望》，《科学学研究》2006 年第 3 期。

燕继荣：《中国的社会自治》，《中国治理评论》2012 年第 1 期。

杨敏：《民间智库的生存哲学》，《决策》2014年第3期。

曾金胜：《中国民间智库的别样生存》，《人民论坛》2007年第22期。

钟裕民、陈宝胜：《地方公共决策的有效参与：基于温州民间智库的经验研究》，《中国行政管理》2015年第8期。

周丽、余敏江：《政府购买社会智库服务的必要性与制度供给》，《南京社会科学》2016年第10期。

朱旭峰：《"司长策国论"：中国政策决策过程的科层结构与政策专家参与》，《公共管理评论》2008年第1期。

Ivan Krastev, "Think Tanks: Making and Faking Influence", *Southeast European and Black Sea Studies*, Vol. 1, No. 2, 2001, pp. 17 – 38.

John L. Campbell, O. K. Pedersen, "Knowledge Regimes and Comparative Political Economy", in B. Daniel & R. Cox (Eds.), *Ideas and Politics in Social Science Research*, New York: Oxford University Press, 2010, pp. 167 – 190.

Karthik Nachiappan, "Think Tanks and the Knowledge-Policy Nexus in China", *Policy and Society*, Vol. 32, No. 3, 2003, pp. 255 – 265.

Lan Xue, Xufeng Zhu, Wanqu Han, "Embracing Scientific Decision Making: The Rise of Think-Tank Policies in China", *Pacific Affairs*, Vol. 91, No. 1, 2018, pp. 49 – 71.

Stone Dinae, "Think Tank Transnationalisation and Non-profit Analysis, Advice and Advocacy", *Global Society*, Vol. 14, No. 2, 2000, pp. 153 – 172.

后　　记

　　笔者对于智库的兴趣，源于较长时间以来对知识社会学的关注。2014—2015年，笔者通过编选和组织翻译《当代智库的知识生产》一书，对智库这样一种现代形态的知识生产机构有了初步了解。那时正值《关于加强中国特色新型智库建设的意见》颁布后不久，各界都在致力建设新型智库，学界对于智库研究的热情也异常高涨。但笔者观察到对于民间智库的研究成果明显较少。于是在2015年，中国社会科学院青年人文社会科学研究中心征集国情调研课题时，笔者以"中国民间智库发展现状与困境调查"为题进行申报并获得批准，由此开始了对民间智库的研究。这份《中国民间智库发展报告》就是在那次调研基础上，进一步做了丰富和完善的成果。

　　从2015年起，笔者陆续同数十家民间机构的负责人和从业人员进行了较为深入的交流，一批著名的民间智库人，包括仲大军、柯银斌、于今、范军等都对笔者的调研予以无私的帮助。如果要充分表达对帮助过笔者的民间智库人的感谢，可能要开具一份长长的感谢名单。

　　2018年，中信改革发展基金会为笔者提供了另一份课题资助（课题名称："当代中国民间智库发展：历史与现状"，课题编号A180701），使笔者得以更加顺利地继续对民间智库进行观察和研究。这份报告也是该课题的阶段性成果。

　　笔者对民间智库的调研和一些前期成果得到了不少领导和

学者的支持、鼓励。中国社会科学院信息情报研究院院长张树华研究员、中国社会科学院民间组织与公共治理研究中心秘书长蔡礼强教授尤其关心笔者的研究进展，并为笔者提供科研便利。东湖社会发展研究院丁鹏研究员让笔者对研究型公益组织有了更深的了解。借此对他们表示感谢。

民间智库研究对笔者算是一个"旁逸斜出"的领域，笔者自知这本小册子中存在不少疏漏，行文时也有言犹未尽之处，希望能够在不久的将来以新成果来弥补缺憾。笔者也希望个人的一点绵薄努力能为中国民间智库的良性发展提供些许帮助。

唐磊，湖北省武汉市人，2006年毕业于中国社会科学院研究生院，获文学博士学位。现为中国社会科学院国际中国学研究中心副主任、秘书长，中国社会科学院学科登峰计划"海外中国学研究"学科负责人之一。主要从事海外中国学、知识社会学、智库理论与实践等方面的研究。主编"国际中国学研究丛书""理性与文明译丛"，《当代智库的知识生产》《观中国》等，另曾出版《跨学科研究的理论与实践》等著作。